JN059406

教科書ガイド

第一学習社 版

高等学校
精選現代の国語

TEXT BOOK GUIDE

文研出版

はしがき

本書は、第一学習社発行の教科書「精選現代の国語」に準拠した教科書解説書として編集されたものです。

教科書内容がスムーズに理解できるよう工夫されています。

予習や復習、試験前の学習にお役立てください。

本書の特色

《理解編》

●冒頭・教材解説
それぞれ、各教材の冒頭に学習のねらいや要旨、段落構成などを解説しています。

教材解説では、まず段落ごとの大意をまとめ、その後、重要語句や文脈上おさえておきたい箇所の意味を解説しています。

教科書下段の脚問については、解答(例)を示しています。

●手引き
「学習の手引き」・「活動の手引き」・「言葉の手引き」について、課題に対する考え方や取り組み方を示すとともに、適宜解答(例)を示しています。

《表現編》

●教材解説
確認しておきたい語句について、まず解説しています。

提示された活動についての考え方や取り組み方を中心に示しています。

目次

理解編

表現編

話して伝える

書いて伝える

物事の捉え方

「生きもの」として生きる

中村桂子（なかむらけいこ）

教科書P.12〜17

●学習のねらい

筆者の提案する人間の生き方について、文章構成をもとに把握し、自分に照らして考えを深める。

●要　旨

「生きもの」としての実感を持ちにくくなっている近代文明社会を転換していくには、他人任せではない「自律的な生き方」をすることが必要である。

●段　落

本文は、「問題提起・主題・主張を支えるための例示・反論を想定しての考察・まとめ」の五段落構成となっている。

一　教P12・1〜P13・2　生きものであることを実感できない社会
二　教P13・3〜P13・9　生きものであるという感覚を持つ提案
三　教P13・10〜P13・16　生きものとしての感覚を身につける例
四　教P14・1〜P15・16　科学の「保証」の限界
五　教P16・1〜P16・11　「自律的な生き方」の提案

段落ごとの大意と語句の解説

第一段落　教12ページ1行〜13ページ2行

「人間は生きものであり、自然の中にある」ことは当たり前のことだが、現代社会の私たちの日常生活は、生きものであることを実感しにくいものになっている。日常を変革し、自然を感じられる社会を作ろうにも、近代文明社会の変換は難しい。

教12ページ

1 **基盤**（きばん）　物事を成り立たせるための基礎となるもの。

3 **そこに問題**（もんだい）**がある**　「人間は生きものであり、自然の中にある」ということは、誰もがわかっている当たり前のことなのに、現代社会はこれを基盤としていないことが問題であるということ。

9 **終日**（しゅうじつ）　朝から晩まで。一日中。

教13ページ

1 **変革**（へんかく）　物事を根本から変えて新しくすること。

2 **変換**（へんかん）**する**　入れかえる。

第二段落　教13ページ3行〜13ページ9行

一人一人が「自分は生きものである」という感覚を持つこと

によって、近代文明を転換する切り口を見つけ、生き方を変え、社会を変えていくことを提案する。

教13ページ

4 **視点**　物事を見たり考えたりするときの立場や考え方。観点。

4 **切り口**　物事を検討・分析するときの着眼点や発想のしかた。

1　**「それはあまり意味がありません。」と述べる理由は何か。**

答　エネルギーについて、脱原発や、自然再生エネルギーへの転換の必要を唱えたりするだけではなく、自然エネルギーを活用する「暮らし方」への志向がなければならないから。

第三段落　教13ページ10行～13ページ16行

とくに意識せずに「生きものである」という感覚を身につけることはできる。例として、賞味期限を越えた食べ物が、まだ食べられるかどうか、自分の鼻や舌や手で確認することがあげられる。

教13ページ

12 **……がゆえに**　それが理由で。

14 **賞味期限**　比較的長持ちする加工食品などに表示される、その食品が正常な品質を維持できる期限。傷みやすい食品に表示される、衛生上の安全を維持できる「消費期限」と区別される。

第四段落　教14ページ1行～15ページ16行

食べ物の安全性を自分の「感覚」で判断せず、「科学的」と称して数字で表された期限だけで判断するという一般のやり方には「科学への盲信」がある。科学を通じて危険性を知り、それに対処することは重要だが、科学による「保証」の限界を知ることが大事で、何も考えずに数字を鵜呑みにするのではなく、自らの「生きもの」としての力を生かすことが必要である。

教14ページ

1 **鼻や舌などの「感覚」で判断するとはなんと非科学的な**　鼻や舌などの「感覚」は個人によって異なるので、客観的な判断がしにくいという考えを示している。

7 **盲信**　わけもわからずひたすら信じること。

2　**「科学への盲信」は、どのような内容を言い換えたものか。**

答　数字で表された「科学的」なものに従っておけば安全だと信じて疑わないこと。

10 **対処する**　事柄や状況に合わせて適切な処置をする。

11 **数字だけで決まるものではありません**　賞味期限の数字は目安に過ぎないものであり、「保証」には限界があるということ。

13 **検出**　物に含まれる物質や成分などを調べて見つけ出すこと。

教15ページ

6 **それに従うことが正しい暮らし方のようになってしまいました**　賞味期限として印刷された数字によって安全性を判断することが正しいことだと考えるようになったということ。

13 **鵜呑み**　物事を十分に考えないでそのまま受け入れること。

第五段落　教16ページ1行～16ページ11行

科学を知ったうえで、生きものとしての感覚をも活用するのが、「人間は生きものである」ことを基本に置く生き方である。

これは、他人任せにするのではなく「自律的な生き方」をしようという提案でもあり、「生きものとして生きる」ことの第一歩である。

教16ページ

6他人任せ 他人に任せきりにすること。ここでは「科学的」という名目のもとに自分で判断することを怠っていることをさす。

答 3

「自律的な生き方」とは、どのような生き方か。

「科学的」であると称して、数字で表されたものを何も考えず信じ、それに従うような他人任せの生き方ではなく、自分の「生きものとしての感覚」を活用し、常に自分で考え、自身の行動に責任を持つ生き方。

手引き

学習の手引き

一 本文の展開を、次の五つの構成要素で捉え、それぞれの要旨をまとめよう。

①問題提起（初め〜一三・2）
②主題（筆者の主張）の提示（一三・3〜一三・9）
③主張を支えるための例示（一三・10〜一三・16）
④反論を想定しての考察（一四・1〜一五・16）
⑤まとめ（主題の再提示）（一六・1〜終わり）

解答例 省略（「段落ごとの大意」を参照）

二 本文中に示されている具体例は、どのような考えを述べるために取り上げられているか、説明してみよう。

考え方 本文中に示されている具体例は次のとおり。それぞれ前後の内容から筆者の考えを捉えよう。

・「朝気持ちよく目覚め、……終日人工照明の中で暮らすのが現代人の日常です。」（一三・6）→私たちの日常生活は、生きものであることを実感しにくいものになっているという考え。

・「簡単な例をあげるなら、……手で確認します。」（一三・13）→とくに意識せずとも「『生きものである』という感覚」を身につけ、日常を生きていくことが可能であるという考え。

・「具体的には、……ふだんのやり方です。」（一四・3）→商品に印刷された賞味期限だけで安全性を判断するやり方には、「科学への盲信」があるという考え。

・「うっかり期限の過ぎた……鼻や舌を使って判断する」（一六・7）→生きものとしての感覚を生かすことで生活が変わり、その積み重ねによって社会も変わるはずであるという考え。

三 「科学・科学技術のおかげで、……食べ物が手に入るようになったのはありがたいことです。」（一四・16）という一文を置いた意図を考えてみよう。

解答例 現代社会において私たちが「より進歩した暮らしやすい生活」を送ることができ、「安全が保証された形で、食べ物が手に入る」のは、科学や科学技術の発展の賜物であり、そこに関わってきた人々のおかげでもあることを認めたうえで、生きものとしての感覚も生かすべきであるという主張を述べるため。

活動の手引き

一 「まずは一人一人が『自分は生きものである』という感覚を持つことから始め、……社会を変えていきませんか」(一三・3)という提案に対して、自分が日常生活の中で持ち得る「生きものとしての感覚」をあげ、それが生き方や社会を変えるどのような切り口になり得るか、文章にまとめて発表し合おう。

考え方 「生きものとしての感覚」は、日常生活の中で「当たり前に自然を感じられる」ことで持つことができると筆者は考えている。例えば、屋内で人工照明の中、一日の大半を過ごすのではなく、日光や新鮮な空気を感じられるような時間と場所を設けることや、毎日口にする食べ物に関心を持ち、それが何でできていて、どのように食卓にのぼっているかを知ることで、自分が自然の中で暮らし、他の生きものの命をいただいて生きているということを意識することができるだろう。それによって、健康的な生き方をすることや、自然環境を整え、他の生きものとの共存を目ざすような社会へと変えていく切り口になると考えられる。

言葉の手引き

一 次のかたかなを漢字に改めよう。

1 キバンとなる産業を育てる。
2 方針をテンカンする。
3 身にキケンが迫る。
4 ビョウゲンキンの侵入を防ぐ。
5 フンイキに飲まれる。
6 鋭いキュウカクを持つ。

解答 1 基盤 2 転換 3 危険 4 病原菌 5 雰囲気 6 嗅覚

二 次の□に共通して入る漢字を答えよう。

1 変□・□命
2 裁□・□断
3 腐□・□北
4 制□・□界

解答例 1 革 2 判(決) 3 敗 4 限

三 次の語の意味を調べ、それぞれを使って短文を作ろう。

1 切り口(一三・4) 2 鵜呑み(一五・13)

解答例 意味…省略(「語句の解説」を参照)

短文…1 鋭い切り口の論評が新聞に掲載される。
2 広告の文句を鵜呑みにして失敗する。

四 次の傍線部の表現があることで、どのような意味が加わっているか、説明してみよう。

1 科学という言葉に任せている(一四・7)
2 期限を決める数字が印刷される(一五・4)

解答例 1 科学そのものではなく、「科学」であると思い込んでいるだけであるという意味。
2 数字自体が期限を決めているという意味。

「本当の自分」幻想

平野啓一郎

教科書P.19～26

●学習のねらい

主題に至る論の構造を把握し、主張に説得力を持たせるための論の展開について考える。

●要旨

インターネットの普及で人のいろいろな顔が可視化され、どれが「本当」の姿なのかを詮索することがあるが、人間は他者との相互作用の中で生じるいくつかの「分人」によって構成されており、その分人はすべて「本当の自分」である。そして、個性というものは分人の構成比率によって変化するもので、他者の存在なしには決して生じないものである。

●段落

本文は、内容に従って、五つの段落に分けられる。

一　教P19・1～P20・2　ふだんの姿とネットの中の姿の不一致
二　教P20・3～P21・5　人の「本当」の姿とは何か
三　教P21・6～P22・12　本質を規定されることへの抵抗
四　教P22・13～P24・15　人間は複数の「分人」で構成される
五　教P24・16～P25・6　分人はすべて「本当の自分」である

段落ごとの大意と語句の解説

第一段落　教19ページ1行～20ページ2行

インターネットの普及によって、人のいろいろな顔が可視化され、現実の姿とネットの中の姿とが合致しないということが起こるようになった。

教19ページ

3 **饒舌**（じょうぜつ）　口数が多いこと。
3 **辛辣**（しんらつ）　表現や態度などが、非常に手厳しい様子。
4 **端々**（はしばし）　あちこちの部分。ちょっとした部分。
5 **語り口**（かたりくち）　語るときの調子や態度。ここでは、ブログでの言葉の使い方や表現のしかたのこと。
6 **共通の友人たちも、……言っていた**　ふだんは穏やかで口数の少ない筆者の友人が、ブログでは饒舌で、辛辣な批評をしていて、全く別人のようだったのを知ったとき、共通の友人たちは、ブログ上のほうをその友人の「本当」の姿だと捉えたということを表す。
7 **普及する**（ふきゅうする）　広く行き渡る。
11 **可視化**（かしか）　目に見えるようにすること。わかりやすくすること。
対 **不可視化**（ふかしか）
11 **インパクト**　衝撃。影響。

第二段落　教20ページ3行～21ページ5行

「本当の自分／ウソの自分」があるという前提のもと、どちらが「本当」の姿であるか決めようとすることは不毛に思える。どちらも「本当」なのではないか。「個人」が持っているいろいろな顔があからさまになったとき、それをネガティブに詮索する傾向は、現在でも必ずしもなくなってはいない。

教20ページ

4 **「本当の自分／ウソの自分」というモデル**　人にはそれぞれ「本当の自分」というものが存在し、他人と接するときの相手に同調して演じ分けられた姿は「ウソの自分」だとする思考の型。

6 **本音**　口に出しては言わない本心。また、本心から出た言葉。

対 **建前**

7 **推察**　人の心の中や物事の事情などを、想像して考えること。

9 **ノリ**　場に合わせて調子づくこと、合わせること。ここでは、ネット上での雰囲気や流れのこと。

1 **「どちらも一理ある気がした」のはなぜか。**

答 ネットの中の友人の姿を「本当」と捉える理由にも、自分たちがふだん接しているときの友人の姿が「本当」でネットの中の姿は「作っている」と捉える理由にも、それぞれ一応納得できる理屈があるように感じられたから。

「一理ある」＝一応納得できる理屈があるということ。

11 **不毛**　成果が上がらず、無意味であること。

12 **真情**　ここでは、偽らない本当の気持ち、の意。

教21ページ

1 **リアル**　現実の。ありのままの。

1 **真贋**　本物と偽物のこと。ここでは、どちらが本物でどちらが偽物であるかということ。

3 **あからさま**　ありのままで、包み隠さない様子。

4 **二重人格**　意識の統一性が失われ、一時、二つの人格を有していると思われるほど全く別人のようになること。ここでは、ある人物が、場合によって意図的に別人のように振る舞うことを表している。

4 **ネガティブ**　否定的、消極的な様子。

対 **ポジティブ**

4 **詮索する**　細部にわたって詳しく調べる。

第三段落　教21ページ6行～22ページ12行

コミュニケーションは他者との共同作業であるが、そこでの相互作用の中で生じた自分のある一面だけを捉えて、それが「本当の姿」だと決められてしまうことに、私たちは抵抗を感じる。他人から自分の本質を規定され、自分が矮小化されることが不安なのである。

教21ページ

6 **違和感**　しっくりこないという感覚。

2 **「ちょっと抵抗があった。」とあるが、どういうことに対して抵抗を感じたのか。**

答 筆者はジャズやクラシックなども好きなのに、雑談でヘビーメタルの話をしたライターに、ブログの中で「本当はメタル

「マニア」だと自分の本質を規定されるように書かれたこと。

12 **極マレに**　きわめて珍しい様子。
「極」＝程度が並はずれたものであることを強調する副詞。
「マレ」（まれ・稀）＝めったになくて、珍しい様子。

16 **談義**　ここでは、意見を言い合い話し合うこと、の意。

教22ページ

2 **本質**　そのもののあり方を決定づける本来の性質や要素。

2 **規定**　物事のあいまいな内容をある定まった形に決めること。

3　**ここでの「コミュニケーション」とは、どの事例を受けたものか。**

答　筆者が小説のインタビューに来ていたライターと、共通の話題であるヘビーメタルの話で盛り上がったという事例や、ショパンの好きな人とはショパンの話をしたり、マイルスが好きな人とはマイルスの話をしたりして楽しむという事例。

6 **相互作用**　複数の物や現象が互いに働きかけ、影響を及ぼし合うこと。

8 **恣意的**　思うままに自分勝手に考える、あるいは振る舞う様子。

12 **矮小化**　小さくすること。小さいものと捉えること。

第四段落　教22ページ13行～24ページ15行

人間は対人関係ごとにさまざまな自分になるもので、唯一無二の分割不可能な「個人」ではなく、複数の分割可能な「分人」であると考えられる。「本当の自分」は一つだけで、あとはキャラや仮面等にすぎないという考え方は間違っている。理由として、すべての人間関係がキャラや仮面どうしの化かし合いとするなら、それは他者も自分も不当におとしめる錯覚で、誰とも「本当の自分」でコミュニケーションを図れないことになる点や、分人は相手との相互作用の中で生じ、変化するが、それを仮面のつけ替えや変容と説明するのは無理がある点、分人には実体があるが「本当の自分」には実体がなく、対人関係の中だけで自分のすべての可能性を発揮することはできない点があげられる。

教22ページ

14 **肯定**　同意すること。正しく適切であると認めること。
対 **否定**

15 **後ろめたい**　自分の行為に罪悪感があって、気がとがめる様子。

17 **唯一無二**　二つとないこと。

教23ページ

3 **接頭辞**　語の上について意味を添えたり、調子を整えたりする語のこと。

4　**「人間を『分けられる』存在と見なす」とは、どういうことか。**

答　人間を、常に首尾一貫した分けられない存在ではなく、対人関係ごとに異なるさまざまな自分に分けられる存在だとすること。

7 **首尾一貫**　始めから終わりまで、一つの方針や態度を貫き通すこと。

8 **矛盾する**　論理的に、二つの物事のつじつまが合わなくなる。

9 **序列**　一定の基準によって配列された順序のこと。

14 **化かし合い**　悪賢いものどうしが互いにだまし合うこと。もともとは、「狐と狸の化かし合い」という表現から。

14**おとしめる**　劣ったものとして扱う。成り下がらせる。

14**錯覚**（さっかく）　事物を実際の姿とは違ったように知覚すること。ここでは、思い違い、の意。

教24ページ

1**主体的**（しゅたいてき）　自分の意志と決断によって行動する様子。

1**硬直的**（こうちょくてき）　状況や方針が変化したにもかかわらず、態度や考え方が変わらない様子。

3**喜怒哀楽**（きどあいらく）　喜びと怒りと悲しみと楽しみのこと。広くもろもろの人間的感情のこと。

5**変容した**（へんよう）　姿や形が変わった。

5　ここで「実体（じったい）がない」と述べる「本当（ほんとう）の自分（じぶん）」とは、どういうものか。

答　対人関係の中には現れなかった、発揮されるべき自分のすべての可能性を含む自分。

8**それ**　唯一無二の「本当の自分」。

8**幻想**（げんそう）　現実にはないことをあるかのように思い描いたもの。空想。

第五段落　教24ページ16行～25ページ6行

分人はすべて「本当の自分」であり、人間は対人関係ごとのいくつかの分人によって構成されている。分人の構成比率によって決定される個性も不変ではなく、他者の存在なしには生じないものである。

教24ページ

6　ここで述べる「本当（ほんとう）の自分（じぶん）」とは、どういうものか。

答　対人関係ごとのさまざまな自分や、小説の作品世界などとの相互作用の中で生じる自分など、それぞれ別の顔ではあるが自分自身だと言える存在。

教25ページ

1**囚われて**（とら）　ある考え方や価値観などに拘束されて。

1**プレッシャー**　心理的・精神的な圧迫感。

2**それを知り、それを探**（さが）**さなければならない**　ここでの「それ」はどちらも唯一無二の「本当の自分」のこと。

2**四六時中**（しろくじちゅう）　一日中。いつも。

2**そそのかされて**　その気になるように促されて。

手引き

学習の手引き

一　本文は、ある事実を前提にして、そこから導かれる仮説を提示するという展開がなされている。事実に相当する二つの段落と、仮説に相当する段落とを本文中から指摘し、それぞれの要旨をまとめよう。

解答例　事実1…第一形式段落（一九・1～9）…ふだんは穏やかで口数の少ない筆者の友人が、ブログでは饒舌で、辛辣な批評をしていて、全く別人のようだった。

事実2…第七形式段落（二一・6～10）…筆者と雑談したライターが、ブログで筆者の一面だけを取り上げて「本当」の姿だと決めつけて書いていたことに違和感を覚えた。

仮説…第十三形式段落(三・14〜16)…人間にはいくつもの顔があり、相手次第で自然とさまざまな自分になる。

二 右の仮説を強固にするため、一般的な考え方に対する反論がなされている。反論に相当する段落を本文中から指摘し、要旨をまとめよう。

考え方 「一般的な考え方」とは、人間を「常に首尾一貫した、分けられない存在」(三・7)だとし、「自我(=「本当の自分」)は一つだけで、あとは、表面的に使い分けられたキャラや仮面、ペルソナ等にすぎない」(三・8)とする考え方のことである。筆者はこれを「間違っている」とし、その理由を三つあげて反論している。

解答例 第十七形式段落(三・12〜15)…私たちは誰とも「本当の自分」でコミュニケーションを図ることができなくなり、すべての人間関係が化かし合いになってしまうが、それは他者と自分を不当におとしめる錯覚であり、実感からも遠い。

第十八形式段落(三・16〜四・6)…分人は相手との相互作用の中で生じるもので、長い時間をかけたコミュニケーションの中で、さまざまな反応を交換した結果である。その変化を仮面のつけ替えや変容と説明するのは無理がある。

第十九形式段落(四・7〜15)…他者と接しているさまざまな分人には実体があるが、「本当の自分」には実体がなく、幻想にすぎない。どんな相手であろうと、自分のすべての可能性を発揮することはできず、対人関係の中には現れなかった他の可能性としての自分も、もう一つ別の分人にすぎない。

三 最終段落をふまえて、筆者の主張を簡潔にまとめよう。

解答例 分人はすべて「本当の自分」であり、人間は対人関係ごとのいくつかの分人によって構成されている。その時どきの分人の構成比率によって決定される個性も不変のものではなく、他者の存在なしには生じないものである。

四 本文中の説明で用いられている次の表現は、どういうことを述べているのか、説明してみよう。

1 他人から本質を規定されて、自分を矮小化される(三・11)

2 その人らしさ(個性)というものは、その複数の分人の構成比率によって決定される(五・4)

解答例 1 他人から恣意的に自分の中の一部を「本当の姿」だと決められて、自分が思っているよりも、小さなものとして捉えられること。

2 人間は対人関係などに現れたいくつかの分人の集まりと考えることができるので、その人の個性はそれぞれの分人の占める割合によって決まるということ。

活動の手引き

一 筆者の主張に対して賛成か、あるいは反対か、各自の考えたことを文章にまとめて発表し合おう。その際、賛成・反対のいずれの場合も、本文に書かれている語句や表現を引用しながら、考えを述べよう。

解答例 賛成の場合…分人という考え方は、人間は「常に首尾一貫した」存在であるべきだという「苦しみとプレッシャー」から私たちを解放してくれると考えられる。対人関係ごとに違う個性を発揮できるようになり、自分が変わることを恐れず、前向きになれるだろう。

反対の場合…「ウラの顔」「二重人格」などと分人に対しては現在も否定的にとられることが多く、また、自分の一面しか出せないコミュニケーションでは、「キャラどうし、仮面どうし」の付き合いとなり、互いに深く知ることができないもどかしさも残る。このことはつまり、分人といっても、明確に分けられるものではなく、実際の人間はいろいろな面が複雑に絡み合っており、ある程度のまとまりを持っているものだということを表しているのだと思う。

言葉の手引き

一 次のかたかなを、訓読みの語は送り仮名も含めて、漢字に改めよう。

1 彼女はオダヤカな性格だ。
2 被害者の胸中をスイサツする。
3 彼の文章にイワカンを覚える。
4 いろいろな音楽にクワシイ。
5 社長の訓話は下手の長ダンギで有名だ。
6 彼はいつも表情がカタイ。

解答 1 穏やか　2 推察　3 違和感　4 詳しい　5 談義　6 硬い

二 次の語の意味を調べよう。

1 饒舌（一九・3）　2 辛辣（一九・3）
3 可視化（一九・11）　4 不毛（二〇・11）
5 真贋（二一・1）　6 恣意的（二二・8）
7 四六時中（二五・2）

解答例 省略（「語句の解説」を参照）

三 次の三例の「あくまでも」の意味の違いを調べ、本文中の「あくまでも」（二三・16）は三例中のどれに当たるか、指摘してみよう。

1 我々はあくまでも優勝を目ざします。
2 これはあくまでも個人的な意見です。
3 空はあくまでも青く澄み切っていた。

解答例 1 最後まで徹底的にやり抜く様子。
2 限定的だと強調する様子。
3 どこまでも限りなく続く様子。
本文中の「あくまでも」…2

水の東西

山崎正和

教科書P.28～33

●学習のねらい

東西の対比関係を用いながら、日本の水文化に見られる特徴について論じる叙述の方法を把握する。

●要旨

「鹿おどし」と噴水という、日本と西洋の二つの水の芸術の違いは、日本人と西洋人の伝統や感性の違いに根ざしている。

●段落

本文は、「起・承・転・結」の四段落構成となっている。

一　教P28・1～P28・11　流れるものを感じさせる「鹿おどし」
二　教P29・1～P31・1　空間に静止する彫刻さながらの噴水
三　教P31・2～P32・1　日本に噴水が少ない理由
四　教P32・2～P32・11　日本人の感性と水の鑑賞のしかた

段落ごとの大意と語句の解説

第一段落　教28ページ1行～28ページ11行

「鹿おどし」は、竹のシーソーの一端に水受けがついていて、それが筧の水でいっぱいになると、シーソーが傾いて水をこぼすというもので、水受けが跳ね上がるとき、竹が石をたたいて優しい音を立てる。単純で緩やかなリズムを無限に繰り返す「鹿おどし」は、我々に流れるものを感じさせ、それをせき止め、刻むことで、かえって流れてやまないものの存在を強調している。

教28ページ

1その愛嬌　「鹿おどし」の愛嬌。「鹿おどし」の単純な動きや仕組みをさして、こう述べている。

「愛嬌」＝人に好ましさや愛らしさを感じさせる様子。

1　**「人生のけだるさのようなもの」という比喩が表す内容を、この後の文章でどのように述べているか。**

答　「単純な、緩やかなリズムが、無限にいつまでも繰り返される」（教28ページ6行）ものであり、「緊張」が高まってはほどけ、「何事も起こらない徒労がまた一から始められる」（同ページ7行）ものである。

4緊張が一気に解けて　「鹿おどし」が傾いて水をこぼす様子を表

す。同ページ3行の、水がたまっていく様子を表す「緊張が高まり」、6行の「緊張が高まり、それが一気にほどけ」にも注意。「一気に」＝休まないでひといきに。

5 **くぐもった**　こもった。はっきりしない。

6 **単純な、緩やかなリズム**　「鹿おどし」の水受けに筧の水が少しずつたまり、いっぱいになると、シーソーが傾いて水をこぼす。そして水受けが跳ね上がるとき、竹が石をたたいてくぐもった音を立てる。この繰り返しのことをこのように表現している。

7 **徒労**　無駄な骨折り。ここでは、「鹿おどし」の水がたまっては水をこぼすという繰り返しをさしている。

8 **くぐもった音響が時を刻んで**　「鹿おどし」が一定の間隔をおいて規則的に音を立て続けることを表現している。

8 **静寂**　静まりかえっていること。静かでひっそりしていること。

8 **いやがうえにも**　ますますいっそう。

8 **引き立てる**　ここでは、特にきわだって感じさせる、の意。

2　**「それ」は何をさすか。**

答　水の流れや時の流れなど、流れを感じさせるもの。その流れ。

10 **この仕掛け**　「鹿おどし」のこと。

10 **流れてやまないもの**　やむことなく流れ続けるもの。

第二段落　教29ページ1行～31ページ1行

ニューヨークの銀行で「鹿おどし」を見たが、人々はそれよりも窓の外の華やかな噴水に心を和ませていた。「鹿おどし」は流れる水、噴水は噴き上げる水と言える。ヨーロッパやアメリカの広場や庭園では、噴水が風景の中心であり、噴水は彫刻のように、音を立てて空間に静止しているように見えた。

教29ページ

3 **素朴**　ここでは、人の手があまり加わっていない様子、の意。

5 **一つの音と次の音との長い間隔を聞く**　「長い間隔」とは、「鹿おどし」の竹が石をたたいて音を立ててから、再び水受けにたまった水をこぼして跳ね上がり、石をたたいて音を立てるまでの間隔のこと。実際には「音を聞く」のであり、「間隔を聞く」のではない。長い間隔をおいて音を聞くことを表現している。

8 **くつろがせていた**　ゆっくり落ち着かせて休ませていた。

12 **至る所に**　行く先々に。どこにでも。

12 **名のある**　評判のよい。有名な。

13 **趣向を凝らして**　おもしろみや味わいを出すための工夫を盛り込んで。ここでの「趣向」は、噴水を作るうえでのおもしろい工夫。

14 **添えもの**　主役となるものにつけ加えられただけのもの。

15 **壮大な水の造型**　見事な噴水をさす表現。

15 **とどろきながら**　鳴り響きながら。

15 **林立している**　林のように多く並び立っている。

15 **息をのんだ**　はっと驚いて一瞬息を止めた。

16 **……さながら**　……そっくり。……そのまま。

16 **ほとばしる**　勢いよく噴き出て飛び散る。

3　**「音を立てて空間に静止している」とは、どういう状態を言い表したものか。**

答　噴水が形作る壮大な水の造型が、とどろきながら空間に彫刻のように確固とした物体として存在しているという状態。

第三段落　教31ページ2行～32ページ1行

「鹿おどし」は時間的な性格、噴水は空間的な性格を持つ。日本人は古くからせせらぎや滝など、水を見ることを好んだが、噴水だけは近代までほとんど作らなかった。日本人にとって水は、自然に流れる姿が美しいのであり、造型する対象ではなかったのだろう。

教31ページ

5 **せせらぎ**　浅い瀬などを水が流れる音。浅い小さな流れ。小川。

8 **伝統は恐ろしいもので……西洋のものほど美しくない**　噴水を作り、その美を好む伝統がない日本で、西洋をまねて噴水を作っても、あまり美しくない、ということを述べている。

11 **町の広場はどことなく間が抜けて**　本来中心となるべき噴水が貧弱なため、もの足りない感じで。

「間が抜けて」＝大事なものが抜けてぼんやりして見えて。

12 **表情に乏しい**　町の広場の様子を人の表情にたとえた言い方。

噴水が貧弱なため、のっぺりした感じがすることを表現している。

4　**「外面的な事情」とは何か。**

答　湿度が高い日本では空気が乾いた西洋の国々ほど噴水を求める気持ちが強くなかったことと、日本では西洋のような水道の技術が発達していなかったこと。

教32ページ

1 **圧縮したりねじ曲げたり、粘土のように造型する**　西洋人が、水の勢いや方向を変えるなど人工的な力を加えてさまざまな趣向を凝らした噴水を作ることを表現している。

第四段落　教32ページ2行～32ページ11行

日本人は、形なきものを恐れない感性を持っている。「鹿おどし」は見えない水、噴水は目に見える水であるとも言える。断続する音の響きを聞き、その間隙に流れるものを心で味わう「鹿おどし」は、日本人が水を鑑賞する最高の仕掛けだと言えよう。

教32ページ

3 **西洋人と違った独特の好み**　はっきり目に見える造型を好む西洋人と違い、日本人が決まった形がなくとも自然にまかせたままの姿を好むことをさしている。

4 **行雲流水**　空を行く雲や流れる水のように、一つの物事に執着することなく、自然の成り行きにまかせて行動すること。

4 **そういう思想**　「行雲流水」という言葉にこめられた思想。

5　**何をもって「受動的な態度」と言うのか。**

答　水のように形がないものに対して、西洋人のように形を与えるのではなく、形がないまま受け入れるという態度。

9 **断続する**　途切れたり続いたりする。

9 **間隙**　あいだ。すきま。

10 **そう考えれば**　日本人が水を実感するためには、流れを感じることが最も大切であり、直接水を見る必要はなく、ただ断続する音の響きを聞いて、その間隙に流れるものを間接に心で味わえばよい、と考えれば。

11 極致（きょくち） このうえのない最上の状態。

手引き

学習の手引き

一 最初の二つの形式段落において、筆者が最も述べたいことを一文で答えよう。

解答例 「鹿おどし」は、無限に繰り返される単純で緩やかなリズムによって、我々に流れるものを感じさせ、それをせき止め、刻むことによって、かえって流れてやまないものの存在を強調している。

二 次の三つの対比的表現が表している具体的内容をそれぞれ考え、これらの表現が本文の展開のうえでどのような役割を果たしているか、説明してみよう。

1 流れる水と、噴き上げる水。（二九・10）
2 時間的な水と、空間的な水。（三一・2）
3 見えない水と、目に見える水。（三一・7）

解答例 1 「鹿おどし」に流れる水と華やかな噴水の水。二つの水の形態的な違いを捉え、話題をそれまでに述べてきた日本の「鹿おどし」からヨーロッパやアメリカの噴水へと展開する役割。
2 「鹿おどし」に流れる水のように、水の流れとも時の流れとも言える流れを感じさせる水と、エステ家の別荘の噴水のように、空間に壮大な造型として静止している水。それぞれの水の性質を捉え、日本人が噴水をあまり作らなかった理由の考察へと展開する役割。
3 目に見える形がなく、流れを感じることで実感する水と、趣向を凝らして造型され、目に見える形のある水。日本人と西洋人が好むのは、それぞれどのような水かを捉え、「鹿おどし」は日本人が水を鑑賞する極致の仕掛けだというまとめにつなげる役割。

三 「鹿おどし」が「日本人が水を鑑賞する行為の極致を表す仕掛けだと言えるかもしれない。」（三一・10）と述べる理由を、本文に沿って説明してみよう。

解答例 自然に流れる水を美しいと思い、その流れを感じることを最も大切だと考える日本人にとって、断続する音の響きを聞き、その間隙に流れるものを間接に心で味わう「鹿おどし」は、自然な水の流れを鑑賞するのに最高の形だから。

活動の手引き

一 筆者が自身の考えを、広く日本人全般が持つ「感性」へと一般化していることに対して、どのような感想を持つか。自分の考えを文章にまとめて発表し合おう。

考え方 筆者は「鹿おどし」を例に、日本人は自然に流れる水に美しさを感じるという考えを述べたあと、それは形のないものを恐れない「行雲流水」の思想にも通ずる日本人の「感性」であると一般化している。この論理の展開のしかたに納得できるかどうか、自分はどのように考えるかを明らかにしてまとめよう。

二 世界各国の水を用いた芸術や仕掛けを調べ、説明文にまとめて発表し合おう。

考え方 水を用いた芸術や仕掛けには、次のものなどがある。

・水琴窟（日本）…地中に瓶などを逆さに埋めて空洞を作り、そこに滴り落ちる水の反響を楽しむ仕掛け。
・シーオルガン（クロアチア）…海に向けた石段の形をしていて、複数の穴がある。下に海水が入る管が設置されていて、波の力で穴から空気が押し出されることで和音を奏でるようになっている。
・ガール水道橋（フランス）…フランスのガール県にある、古代ローマ時代に建設された石造の水道橋。ローマの水道では、高低差を利用して水を送っており、川や谷を渡る地点には水道橋が架けられた。ガール水道橋は三層のアーチを重ねた構造で、最上層の水路と下二層の人道・車道に分かれている。
・ヴィルヘルムスヘーエ城公園（ドイツ）…丘の上から園内に設けられた滝や水路を経由して下ってきた水が、高低差による水圧で五十メートルを超える高さの噴水となって噴き出す、「水の芸術」と呼ばれる催しが行われる。
・水時計（エジプトほか）…水が漏れる小さな穴のあいた容器を使い、残りの水、あるいは流れ落ちた水の量によって時間を計る装置。世界各地にあり、現存する世界最古のものは古代エジプトのものである。日本にも漏刻と呼ばれる中国由来のものがある。

言葉の手引き

一　次のかたかなを漢字に改めよう。

1　本番を前にキンチョウする。
2　オンキョウ設備を確認する。
3　あたりがセイジャクに包まれる。
4　シュコウを凝らした噴水。
5　アッシュクされて固くなる。
6　日本にはドクトクの文化がある。

解答　1　緊張　2　音響　3　静寂　4　趣向　5　圧縮　6　独特（独得）

二　次の同音異義語を漢字に改めよう。

1　キョウチョウされた表現。
　　労使間のキョウチョウをはかる。
2　文化をショウカイする。
　　身もとをショウカイする。
3　標識を一定のカンカクに配置する。
　　金銭カンカクを身につける。

解答　1　強調・協調　2　紹介・照会　3　間隔・感覚

三　次の語句を使って、短文を作ろう。

1　いやがうえにも（二八・8）
2　息をのむ（二九・15）
3　さながら（二九・16）
4　もはや（三一・8）

解答例　1　エースの登場に、会場は、いやがうえにも盛り上がった。
2　目の前に広がる雲海の美しさに息をのんだ。
3　彼女の体調管理の方法は、一流のアスリートさながらである。
4　彼のこれまでの功績は、もはや説明するまでもないだろう。

無彩の色

港千尋

教科書P.35〜40

学習のねらい

ネズミ色のイメージをマイナスからプラスに転じる論展開と、筆者が論拠としてあげる事例を把握する。

要旨

ネズミ色は無彩色の灰色の世界を想像させ、否定的に捉えられるが、身の回りでは多くの製品にグレーが使われている。また、わたしたちはさまざまな段階の灰色で表現されたものを美しいと感じ、その中に光と影の戯れを見て楽しむこともできる。日本は灰色の美しさを大切にしてきた文化を持ち、伝統色にも灰色系が多く、「利休鼠」もその一つである。日本の文化は灰色の世界に、どんなカラフルな色にもまさる、最高の美を認めることもできるのである。

段落

本文は、内容に従って、三つの段落に分けられる。

一　教P35・1〜P36・6　ネズミ色(灰色)の否定的なイメージ
二　教P36・7〜P38・3　わたしたちの身の回りにある灰色
三　教P39・1〜P39・10　日本の文化の中での灰色

段落ごとの大意と語句の解説

第一段落　教35ページ1行〜36ページ6行

ネズミ色から想像されるのは、ほとんど無彩色で彩りのない灰色の世界である。色の好みは人それぞれでも、色の感じ方には共通するものがあり、色に温度を結びつけたり、ある感情を与える作用を認めたりする。ネズミ色は灰色と言い換えても否定的な意味になり、地味でおもしろみのない世界を想像させる。

教35ページ

5 **無彩色**　色の色相・明度・彩度のうち明度だけを持つ黒・灰・白。
7 **暖色**　赤・橙・黄など暖かい感じを与える色。
7 **寒色**　青やその系統の色など寒い感じを与える色。

教36ページ

1 「ネズミ色はあまりいい意味を持たされていない。」と言えるのはなぜか。

答　世界中どこでも害獣と見なされているネズミの色であり、灰色と言い換えても否定的な意味に結びつき、地味でおもしろみのない世界が想像されるから。

1 **害獣**　人や家畜に危害を加えたり、田畑を荒らしたりするけもの。
5 **グレーゾーン**　中間の領域。どっちつかずの範囲。

第二段落　教36ページ7行〜38ページ3行

わたしたちが生きる世界には意外に灰色が多く、特別な意味や感情と結びつかない、消極的な色として役立っている。さらに、わたしたちはさまざまな段階の灰色で表現された白黒写真を美しいと感じ、灰色の無限の段階の中に光と影の戯れを見て楽しめるが、こうした感覚は昔から存在していたものだろう。

教36ページ

2　**「特別な意味を持たず、特別な感情にも結びつく必要がない場所では、グレーのほうがよい。」と言えるのはなぜか。**

答　都市環境のあらゆる場所に鮮やかな色がつけられていたら、わたしたちの感覚は麻痺してしまうだろうし、室内の灰色の部分を、すべて違う色に塗り替えたら、混乱と疲労で仕事も勉強も手につかなくなってしまうだろうから。

13 **麻痺**　運動・知覚機能が停止すること。しびれて感覚が失われること。普段のはたらきや動きが停止すること、という意味もある。

15 **実は目立たない灰色のほうなのだ**　灰色が目立たないからこそ役立っていることを述べている。

16 **評価**　ある物事や人物について、その意義や価値を判断すること。ここでは、灰色に肯定的な面があることを示そうとしている。

教37ページ

3　**「灰色写真」を、人が「白黒写真」と表現するのはなぜか。**

答　彩度が引かれ明度だけで表現されていることで、光と影が敏感に感じられるため、灰色という単色ではなく、白と黒の間のさまざまな段階でできていると捉えるから。

3 **モノクローム**　単一の色彩で描かれた絵画。白黒の写真や映画。

9 **織りなす**　いろいろな要素を組み合わせて構成する。

11 **趣**　そのものが感じさせる風情や味わい。

12 **灰色の無限の段階**　灰色に感じる色には、色や濃淡に限りない段階があるということ。

4　**「こうした感覚」とは、どういう感覚か。**

答　さまざまな段階の灰色で表現されたものを美しいと感じ、その無限の段階の中に光と影の戯れを見て楽しめるような感覚。

15 **屋根瓦**　ここでは、粘土瓦をさす。

教38ページ

2 **しっとり**　適度に水分を含んだ様子。

第三段落　教39ページ1行～39ページ10行

日本は灰色の美しさに目覚め、それを大切に育ててきた文化を持つ。伝統色と呼ばれる色名の体系にも、灰色系に驚くほど多くの色名がある。その一つの利休鼠という色は、茶の湯の時代の名残とも、灰色の美学を表しているとも思える。日本の文化はこうした色の世界に、どんなカラフルな色にもまさる、最高の美を認めることもできるのである。

教39ページ

4 **愛でる**　ここでは、美しさを味わう、という意味。いつくしみ愛する、という意味もある。

5 **洗練**　趣味や人柄などを磨き上げて優雅で高尚なものにすること。詩歌や文章を練ってよりよくすること、という意味もある。

7 **名残**　ある事柄が過ぎ去ったあとになお残る、その気配や影響。

手引き

学習の手引き

一 本文の構成を、書かれている内容から三つの段落に分け、各段落で何が述べられているか、それぞれ一文でまとめよう。

考え方 三つの段落の分け方は「段落」参照。

解答例 第一段落…ネズミ色から想像されるのは、ほとんど無彩色で彩りのない灰色の世界であり、灰色と言い換えても、否定的な意味に結びつき、地味でおもしろみのない世界を想像させる。

第二段落…わたしたちが生きる世界には意外に灰色が多く、特別な意味や感情と結びつかない、消極的な色として役立っており、さらに、わたしたちはさまざまな段階の灰色を美しいと感じ、楽しむこともできるが、こうした感覚は昔から存在していたものだろう。

第三段落…日本は灰色の美しさを大切にしてきた文化を持ち、伝統色にも多くの灰色系の色名があって、利休鼠という色もその一つであるが、日本の文化はこうした色の世界に、どんなカラフルな色にもまさる、最高の美を認めることができるのである。

二 各段落であげられている事例と筆者の考えとの関係を確かめ、それぞれの事例がどういうことを述べるために提示されているか、説明してみよう。

考え方 各段落であげられている事例は次のとおり。それぞれ前後の内容から筆者が述べようとしていることを捉えよう。

第一段落・「ネズミ色の服を着」た人（三五・1）→ネズミ色からは地味でおもしろみのない世界が想像されるということ。

第二段落・「舗装された道路、……グレーが使われる」（三六・7）→身の回りにある灰色は感覚と感情の安定を支えているということ。

・「白黒写真」（三七・1）→灰色を美しいと感じるということ。

・「屋根瓦」（三七・15）→さまざまな段階の灰色を美しいと感じ、楽しむ感覚が、昔から存在していたものであるということ。

第三段落・「利休鼠というネズミ色」（三九・7）→日本の文化は、灰色が表す世界にどんなカラフルな色にもまさる最高の美を認めることもできるということ。

三 「ネズミ色の服を着た人が、煤（すす）けたような壁に囲まれて、灰色の茶碗（ちゃわん）を手にしている」（三六・3）と、「ネズミ色の服を着た人が、煤竹（すすたけ）色の小さな部屋で、灰色の茶碗を見つめている」（三九・8）という類似した表現が、初めと終わりに置かれた意図を考え、この表現から抱くイメージが初めと終わりでどのように変わるか、説明してみよう。

解答例 初めの表現はネズミ色（灰色）の否定的な意味の例、終わりの表現は日本文化の「灰色の美学」の例としてあげられている。ネズミ色（灰色）のイメージが、地味でおもしろみのない色から、どんなカラフルな色にもまさる最高の美を表す色へと変わる。

活動の手引き

一 「茶の湯」と「千利休」について調べ、「日本の文化はそんな世界に、どんなカラフルな色にもまさる、最高の美を認めることもできるのである。」（三九・9）と筆者が述べる根拠を、文

章にまとめて報告しよう。

考え方 茶の湯の歴史と千利休の実績を押さえ、筆者の主張と結びつけよう。茶の湯の歴史としては、鎌倉〜室町時代に、部屋に飾った唐物を賞玩し豪華な茶器で茶を楽しんでいたのに対し、十五世紀後半には、粗末で素朴な日本の茶器を用いる茶風が村田珠光によって創始され、これを引き継いだ武野紹鷗が「わび」の考え方を理想として茶道具や茶室も簡素化したことを押さえる。そして、これをわび茶として大成させた千利休については、草庵風茶室や土の肌合いを残した茶碗を考案するなどして余計な装飾を排したことを押さえる。茶の湯は現在では茶道となり、日本人の美意識が表れた代表的な日本伝統文化として海外へ紹介されていることにも注目したい。

二 同じ被写体のカラー写真と白黒写真とを比較し、「人間は……灰色だけで表現された風景を見て、それを美しいと感じることができる」(三七・4)ことを検証しよう。

考え方 「新緑の木々」…白黒写真では光と影に敏感になり、「木の葉の重なりの微妙な影」に気がつくため、奥行きが感じられる。「初夏の海」…白黒写真では「砂と波が織りなすパターン」が見えてきて、自然の動きの持つ美しさが感じられる。

言葉の手引き

一 次のかたかなを漢字に改めよう。訓読みの語は送り仮名も含めて書き改めよう。

1 明るい色がフクマレル。
2 イロドリを添える。
3 赤はケイカイを表す色だ。
4 ホソウされた道路を走行する。
5 アザヤカナ色をつける。
6 画面にインエイを施す。
7 光と影のタワムレを見て楽しむ。
8 色の名前をタイケイ的に調べる。

解答 1 含まれる　2 彩り　3 警戒　4 舗装　5 鮮やかな　6 陰影　7 戯れ　8 体系

二 次の語の対義語をあげてみよう。

1 高貴(三五・10)
2 地味(三六・4)
3 曖昧(三六・6)
4 敏感(三七・7)

解答 1 卑賤(下賤)　2 派手　3 明確(明瞭)　4 鈍感

三 「近代以前の日本には、とくに灰色系に驚くほど多くの色名があったこと」(三九・2)について調べ、日本の伝統的な色名とその由来を報告し合おう。

解答例

・小町鼠(ほんのりと赤みを帯びた淡い灰色)…美人の代名詞である小野小町を思わせる気品のある美しい色であることから。
・深川鼠(青緑がかった薄い灰色)…江戸の深川の粋な若者や、華美を嫌い渋さを好んだ芸者が愛用したことから。
・錫色(銀色がかった明るい灰色)…青銅をつくるのに用いる金属の錫の色に似ていることから。銀鼠とも。

論理分析

対比　「間」の感覚

高階秀爾

教科書P.42～45

語句の解説

教42ページ

1**伊勢神宮**　三重県伊勢市にある神社。

1**アテネ**　ギリシアの首都。

1**アクロポリスの丘**　アテネ南西部にある丘。

1**パルテノンの神殿**　古代ギリシア時代に完成した神殿。

3**切妻型の屋根**　建物の両端（妻側）を垂直に切り落とした形の屋根。

4**そこ**　構造も形状も似ている伊勢神宮とパルテノン神殿。

6**軒下**　屋根の下側の張り出た部分が「軒」で、その下の空間。

6**このこと**　軒先が大きく伸びて軒下という空間が生じていること。

8**このことは、日本には雨が多いという風土的特性に由来するものであろう**　日本建築で軒先が大きく伸びて深い軒下があるのは、日本には雨が多いため、建物が濡れないよう屋根が発達したからだろう、ということ。軒下が生じた表面的理由を述べている部分。

9**それ**　「この空間」、つまり軒下のこと。次の行の「そこ」も同じ。

11**現に**　実際に。

11**庭師**　庭を作ったり、庭の手入れをしたりする人。

13**このような中間領域**　見方によって内部にも外部にもなる場所。

13**濡れ縁**　雨戸の外に張り出している縁側。

13**渡り廊下**　二つの建物をつなぐ廊下。

13**遮蔽物**　他から見えないように覆い隠すもの。

教43ページ

1**これらの中間領域**　軒下、濡れ縁、渡り廊下などのこと。

1**媒介**　ここでは、なかだち、橋渡し、の意。

3**はなはだ興味深いことに**　空間構造は内部と外部の境界があいまいなのに、行動様式は内と外とを厳しく区別するという、日本人の一見矛盾した状態について「興味深い」と言っている。
「はなはだ」＝非常に。たいへん。

4**それであるからこそ……内と外とを厳しく区別する**　内部と外部が連続している空間に暮らしているからこそ、生活の中では内と外とをはっきり区別する行動を取る、ということ。

7**この風習**　家の中に入るときには靴を脱ぐという習慣。
「風習」＝ある社会で伝えられてきたしきたり。ならわし。

10**当惑する**　どうしたらよいかわからなくなって困る。

10**空間構造はつながっているように見えながら、行動様式では内と**

外は明確に区別されている　同ページ3行「ところが、はなはだ……行動様式を示す。」の一文の内容を繰り返し述べている。

12 **このような家の内と外の区別**　外から家の中に入るときに靴を脱ぐという行為で表される家の内外の区別。

13 **価値観**　物事を評価する基準となる、何に価値を置くかの考え方。

14 **聖なる空間**　神聖な空間。同ページ17行の「神の空間」と同じ。

14 **荘厳**　重々しく、立派で尊いこと。また、その様子。

15 **俗世間**　普通の人が暮らす日常の世の中。「俗」は「聖」の対義語。

16 **形の上でも明確**　西欧の建築は壁によって内外の区別が物理的に明確であることをさし、そのため意識のうえでもたやすく内と外、聖と俗が明確に区別されると述べている。

18 **前提**　あることが成立するためのもととなる条件。

教44ページ

1 **その外にいる者**　共通の理解を持った集団や共同体の外にいる者。

3 **それ**　「身内」。

4 **「身内」は、ある関係性の中で成立するもので、……わかりにくいものにしている**　日本人にとっての「身内」は、人々の意識の中で、人間関係などによって決まるもので、時と場合によってその範囲が変わる。日本人の内と外とを区別する行動様式もそれに合わせて変わるため、共通の理解を持たない外国人にはわかりにくいということ。

8 **編み目**　編み物の糸が編み合わさった部分。ここでは、さまざまな関係が交差する意識構造のことをたとえている。

11 **そのような関係性の広がり**　空間の広がり、時間的広がり、人間どうしの関係性の広がり。

14 **間合い**　本来は、何か行動をするのに適した距離や時機・タイミング、の意。ここでは、時と場合によって変化する、空間の関係、時間的な関係、人間関係などのことをさしている。

14 **見定める**　よく見て判断する。見きわめる。

15 **計測**　ここでは、「間合い」を見定めること、の意。

15 **間が悪い**　きまりが悪い。折が悪い。

16 **「間」の感覚**　時と場合によって変化する関係性を正しく見定める感覚。その時々に適した「間合い」を見定めて行動する感覚。

17 **倫理**　道徳の規範となる原理。モラル。

活動の手引き

一　**「　」に、本文中の適切な語句を入れよう。**

解答例　【第一段落】●屋根　【第二段落】●履く・脱ぐ　【第三段落】●壁・鳥居　【第四段落】●「身内」（「仲間」）・「よそ者」

二　**第一段落から第四段落までの展開をふまえて、第五段落で示された日本人の「間」の感覚についての要旨を百字以内でまとめよう。**

解答例　日本人は、空間や時間や人間の関係性の広がりを「間」と呼び、そのような関係性の「間合い」を正しく見定めようとする。この感覚は日本人の行動様式や生活様式を規定し、美意識や倫理とも深く結びついている。

具体と抽象

日本語は世界をこのように捉える

小浜逸郎

教科書P.46～50

語句の解説

教46ページ

1 **厳密に使い分けています** 「いる」と「ある」を用いる際、一定の使い分けのルールに従っているということ。

2 **有情** ここでは、感情や意識などを持つ生き物のこと。人間らしい感情を理解できること、という意味もある。

対 **非情・無情**

3 **無生物** 生命がなく生活機能を持たないもの。石や水など。

対 **生物**

3 **大過ない** 大きなまちがいはない。

4 **言い尽くして** 十分に説明しきって。

6 **補助用言** 補助動詞と補助形容詞。他の語について意味を添えるはたらきをする。例として「食べている」の「いる」、「花である」の「ある」などの動詞や、「高くない」の「ない」、「聞いてほしい」の「ほしい」などの形容詞があげられる。

6 **存在を表す「いる」** 人や動物などの生き物が、ある場所に存在するという意味の「いる」。

8 **語彙** ここでは、「言葉」とほぼ同じ意味で使われている。ある言語・領域で用いられる語の全体や、ある人が用いる語の全体、という意味もある。

8 **含意** 表面に現れない意味を含み持つこと。その意味。

9 **言語哲学的に** 言語の本質についてより広く深く考察する言語哲学の立場から。

10 **主格** 主語。主体。「雨が降っている」の文では「雨が」の部分。

12 **置き換える** あるものを取って、代わりに別のものを置く。

13 **日本語の動詞連用形の多くが名詞化する** 「考える」→「考え」、「泳ぐ」→「泳ぎ」など、動詞の連用形で名詞として用いられる語が多くある。

教47ページ

2 **繋辞** 主語と述語をつなぎ、両者の関係を言い表す語。日本語の「である」、英語のbe動詞など。連辞。

2 **S-P構造** Subject(主部)とPredicate(述部)の構造のこと。

4 **壮麗** 規模が大きくて立派で美しいこと。また、その様子。

4 **伽藍** 寺や寺院の建物。

6 **とうに** とっくに。ずっと前に。

6 **人手に渡っている** 他人の所有になっている。

7 **既往の結果としての現在を表す** 済んでしまった事柄が結果として現在に及んでいることを示す。

8 **音韻** ここでは、言葉の持つ音の響きのこと。

9 **複数の使用実態を概念化している** 助動詞「れる・られる」が複数の意味で使われている実態を、「受身・尊敬・可能・自発」の四種類の意味に分類されると説明するようなことをさす。

「概念」＝個々の事物から共通する性質を抜き出して構成される意味内容。「概念化」は概念の形にすること。

11 **固定化した言語観に縛られている**　言葉が単に客観的な事実・観念・状態の提示であると考え、違う概念に同じ音韻が使われる理由を考えないということ。

13 **自分自身の状況を直接に表出する**　言葉は単に事実や観念の提示として用いられるのではなく、その言葉を発する話し手が、話の内容と自分自身との関係を語るのにも用いられるということ。

14 **「私」のことでなくとも例外なく当てはまる**　言葉を発する主体の状況を直接表出するということは、語られている内容が主体自身のことでなくても当てはまるということ。「語られている状況に自分自身がひそかに参入して、……居合わせている」（同ページ17行）とあるように、内容を自分自身に引き寄せて語っているためである。

18 **観念的**　現実の具体物から離れ、抽象的、空想的に考える様子。

教48ページ

2 **まさに「私との生き生きとした出会い」の実現が語られている**
「壮麗な伽藍が並んでいる」と語るときは、「私」と「私」が壮麗であると感じる「伽藍」との出会いが実現しているということ。

4 **「あいつ」のことを何らかの形で思いやる心情がこめられていて**
「あいつは今、パリにいる」と表現するときには、話し手が空間的に離れた場所にいる「あいつ」を思いやる心情がこめられているということ。

5 **形跡**　何か物事が行われたあと。痕跡。あとかた。

6 **「ある」に置き換えることは決してできない**　「いる」と「ある」は厳密に使い分けられ、自由には置き換えられないということ。

7 **非情**　ここでは、感情や意識などを持たないもの。草や木など。人間らしい感情を持たないこと、という意味もある。
対 有情

9 **初めからそれらの存在との親近感を内在させている**　日本語で「いる」を使うときには、「有情」の存在に対する親近感が初めから存在しているということ。

10 **そこには語り手の情緒が必ず何ほどかはたらいている**　「いる」を使うときは、人や生き物に対して、さらに非情の自然に対してであっても、語り手の何がしかの感情が含まれているということ。

14 **端的**　はっきりとしている様子。
手っ取り早く要点だけを捉える様子、という意味もある。

15 **乖離**　背き離れること。

15 **抵抗**　逆らうこと。反発すること。

18 **運動状態にある事物や人間の様態を示す場合**　この後の「走っていく車がある」、「彼は頑固である」という場合などのこと。

教49ページ

4 **聞き手もその状況を共有している**　話し手の見ているものと同じものを聞き手も見ているかのように感じられているということ。

5 **間接的・客観的で冷ややか**　自分の感情がほとんど関わっていない様子を表現したもの。

5 **直接的・主観的で温もりを感じさせる**　自分の感情が当事者的

に関わっている様子を表現したもの。

6 **感嘆詞の「あ、」などがどちらに付きやすいか**　「あ、」は感情を表す言葉なので、「走っていく車がある」という文より「車が走っている」という文に付きやすい。

「感嘆詞」＝感嘆のあまり発する言葉。感動詞に同じ。

7 **こちらから距離を取り、当のモノや人を突き放して客観的に眺めた**　「いつもそこから乖離していくような抵抗を示します」(教48ページ15行)、「より間接的・客観的で冷ややか」(教49ページ5行)を受けた表現。

12 **所作**　振る舞い。身のこなし。しぐさ。

活動の手引き

一　[　　]に、本文中の適切な表現を入れよう。

解答例　【第一段落】●生き物(有情)には「いる」を使い、無生物には「ある」を使う。

●「雨が降っている」・「あそこのビルは今壊している」

【第二段落】●「壮麗な伽藍が並んでいる」・「花がたくさん咲いている」

●「カードの有効期限はとうに切れている」・「昔の家はもう人手に渡っている」

【第三段落】●語られている状況に自分自身がひそかに参入して、その状況と「私」とが親しく居合わせていることを表している。

●「壮麗な伽藍が並んでいる」・「あいつは今、パリにいる」

二　第四段落で述べられている筆者の主張を、百字以内で要約しよう。

考え方　「結局」「つまり」に着目して、「いる」と「ある」の区別や、「いる」と「語り手主体」の関係についてまとめる。

解答例　「いる」「ある」は、語られている語と語っている主体との関わり度合いによって区別され、「いる」は、語り手主体が生き物や自然を、互いに親しく居合わせる、自分自身にとっての問題として引き寄せようとしている。

三　第五段落で述べられている「ある」のはたらきを、説明・例示・筆者の考えに分けて整理しよう。

考え方　「ある」と「いる」を、「話し手の意識」との関係、「間接的」と「直接的」、「客観的」と「主観的」、「冷ややか」と「温もり」「親近感」などの点で比べ、例をあげながら説明していることを捉え、「ある」についての筆者の考えをまとめる。

解答例　説明…・「ある」は、そのものが話し手の意識の流れに寄り添わず、無関係に「あり」続ける場合に使う。

・「ある」は、間接的・客観的で冷ややかな表現で、当のモノや人を突き放して眺め、その存在や様態を表す。

・「ある」は、ただ事態がそうである、と客観的に記述した表現。

例示…・そこに「ある」テーブル

・「走っていく車がある」「彼は頑固である」

・「店先には、いろいろなお菓子が並べてある。」

筆者の考え…「ある」は、間接的・客観的にモノや人の存在や様態を表す。

言葉と情報

ものとことば

鈴木孝夫（すずきたかお）

教科書P.52〜59

●学習のねらい

具体（例示）と抽象（意見）の関係を整理して論理構成を把握し、筆者が主張する言語の性質を理解する。

●要　旨

私たちは、森羅万象にはそれを表すことばがあるという実感を抱いており、多くの人は、同じものが、国や言語が異なれば別のことばで呼ばれるという認識を持っている。筆者はこれに対し、ことばがものをあらしめているのであり、言語の違いによって異なる名称で呼ばれているものは、違うものを表すと考える。私たちはことばによって世界を認識していて、言語の構造が違えば認識される世界も変わる。ことばは、連続的で切れ目のない世界を、ものやことの集合であるかのように提示してみせる虚構性を持っているのである。

●段　落

本文は、一般的な考え方について述べた序論と、筆者の考えについて述べた本論と結論の、三つの段落に分けられる。

一　教P52・1〜P54・10　ものに対応することば
二　教P54・11〜P58・3　ことばがものをあらしめる
三　教P58・4〜P58・8　ことばの持つ虚構性

段落ごとの大意と語句の解説

第一段落　教52ページ1行〜54ページ10行

私たちは、生活をとりまくものやこと、つまり森羅万象にはすべてそれを表すことばがあるという素朴で確かな実感を抱いている。そして、多くの人は、同じものが、国が違い言語が異なれば全く違ったことばで呼ばれるという認識を持っており、一種の信念とも言うべき大前提になっている。

教52ページ

4 **雑然**（ざつぜん）**と**　いろいろなものがごちゃごちゃと入り乱れている様子。
6 **ぎっしり**　ものが隙間なく詰まっている様子。
10 **多岐**（たき）**にわたっている**　人間の身の回りの製品の種類の多さを表し、私たちがたくさんのものに囲まれていることを強調している。
「多岐にわたる」＝物事が多方面に及んでいる。

教53ページ

1 **膨大**　非常に大きい様子。

1 **固有の名称**　そのものだけにある名前。ここでは、自然界の鳥類や動物、昆虫、植物などにそれぞれ個別の名前があることをさす。

4 **微妙なこと**　簡単には言い表せないほど、細かく複雑なこと。ここでは、「もの」に対して、「物体の動き」、「人間の動作」、「心の動き」などの事柄をさす。

9 **総和**　全体を合わせた数量。

14 **どんどん細かくなっていく**　自動車やジェット機という一種類のものが、それぞれ名のついた多数の部品からできており、その部品を構成する材料にも名前があるというように細かくなっていくことを表している。

1　**「ものとことばは、互いに対応しながら人間を、その細かい網目の中に押し込んでいる。」とは、どういうことか。「細かい網目」という比喩に注意して説明してみよう。**

答　私たち人間は、ものとそれに対応することばの結びつきが、隙間なく編まれた網目のように細かい部分にまで及んでいる状態の中で生活しているということ。

16 **森羅万象**　宇宙に存在する一切の事物や現象。

教54ページ

2　**筆者がここで「素朴な、そして確たる実感」という表現を用いた意図は何か。**

答　私たちが「森羅万象には、すべてそれを表すことばがある」ということを、ごく当たり前の、疑う余地のないことであると考えていることを改めて認識させる意図。

「素朴」＝素直で飾り気がない様子。考え方が単純である様子。

「確たる」＝たしかで、はっきりしている様子。

「実感」＝ここでは、心の底からそうだと感じること。その気持ち。実際に実物に接したときに得られる感じ、という意味もある。

3　**「同じものが、言語が違えば別のことばで呼ばれるという、一種の信念とでも言うべき、大前提」と同じ内容を、これより前ではどう表現しているか。**

答　「『同じものが、国が違い言語が異なれば、全く違ったことばで呼ばれる。』という認識」（教54ページ3行）

「前提」＝あることが成立するためのもととなる条件。

第二段落　教54ページ11行～58ページ3行

哲学者や言語学者の中には、先の前提に疑いを持つ人がいる。筆者も言語学の立場から、まずものがあって、それにことばがつけられるのではなく、ことばがものをあらしめているのであり、同一とされるものも、言語の違いによって異なる名称で呼ばれれば、違うものを提示すると考えている。「初めにことばありき」で、私たちはことばによって世界を認識しているのであり、ことばの構造やしくみが違えば、認識される対象も当然変化する。机を例にとってみれば、机を外見的具体的な特徴から定義することはほとんど不可能であり、机をあらしめているものは、人間に特有な観点であり、ことばの力によるのである。

教54ページ

15 **レッテルを貼る**　一方的・断定的に評価をする。ここでは、そのものにあらかじめ決まった名前が存在しているかのように、ことばをつけることをさす。

16 ことばが逆にものをあらしめている　ものが先にあってそれぞれ名がつけられているのではなく、ことばがものを認識させているということ。

「あらしめる」＝あるようにさせる。そのような状態や存在にさせる。

教55ページ

4 **この第一の問題**　ものとことばはどう対応しているのかという問題。

7 **……ということに尽きる**　それですべてが言い尽くされる。「初めにことばありき」ということばで自分の立場が言い尽くされている、ということ。

8 **空々漠々**　何もなく、果てしなく広い様子。また、ぼんやりしていて、捉えどころがない様子。ことば以前の世界にものが全く存在していなかったという意味ではない、と言おうとしている。

4　「世界の断片」とは、どのようなものか。

答　ことばによって認識される以前の、素材として世界にあるさまざまな事物。

5　「窓口」という比喩は、どういう内容を表しているか。

答　ことばが、いろいろな事物をはじめとする世界全体を認識するための糸口になっているということ。

教56ページ

1 **把握する**　しっかり理解する。

3 **比喩**　物事を、他の物事にたとえて表現する技法。

6　「そこにものがあっても、それをさす適当なことばがない場合、そのものが目に入らない」とは、どういうことか。

答　ものは、ことばによってはじめて認識されたり、別のものと区別されたりするため、そのものをさすことばがない場合には認識できないということ。

7 **抽象的な議論**　概念的なことばだけによるわかりにくい議論、という意味。

16 **外見的具体的な特徴から定義することは、ほとんど不可能である**　机を定義するには、「人間側の要素」が関わらなければならないという説明につながっている。

教57ページ

12 **人間側の要素**　人がそのものを利用する目的や、人とそのものとの相対的位置など、人間側から見た要素。

「要素」＝あることを成り立たせているもの。

教58ページ

2 **人間に特有な観点**　「人間側の要素」をさす。机をあらしめているのは、人間から見て条件に合うものをそのように定義しているからであり、ことばの力によるものであることを述べている。

第三段落　教58ページ4行〜58ページ8行

ことばは、連続的で切れ目のない素材の世界に、人間の見地から、人間にとって有意義と思われるしかたで虚構の分節を与えて分類し、世界をものやことの集合であるかのように提示してみせる虚構性を持っているのである。

教58ページ

4 渾沌とした、連続的で切れ目のない素材の世界　ことばによってものやことがあらしめられる前の漠然とした世界を表現している。

手引き

学習の手引き

一　**「ところが」（五・11）という接続詞に注目して、この語の前の文章と後の文章とで何が対比されているか、説明してみよう。**

考え方　まず、「ところが」で始まる段落の三つ前の段落からの内容を押さえる。ここでは、多くの人に「ものがあれば必ずそれを呼ぶ名としてのことばがある」という考えと、「同じものが、国が違い言語が異なれば、全く違ったことばで呼ばれる」という認識があると述べている。一方、「ところが」の後の段落では、一部の「哲学者や言語学者」が、これらの考え方について「疑いを持って」おり、「ことばが逆にものをあらしめている」、「異なった名称は、程度の差こそあれ、かなり違ったものを、私たちに提示している」と考えていることが説明されている。

二　**右で考えた対比の具体的内容を、二点に分けて、対立関係がわかるように整理しよう。**

解答例　・ものには必ずそれを呼ぶ名としてのことばがある。

⇔

ことばがものをあらしめている。

・同じものでも、国や言語が異なれば全く違うことばで呼ばれる。

⇔

異なった名称は、かなり違ったものを提示している。

答 7　**「虚構の分節を与え」るとは、どういうことか。**

まだ認識されていない素材の世界を、ことばによって人間にとって有意義なように区分すること。

三　**「ことばが逆にものをあらしめている」（五・16）とは、どういうことか。「机」の定義の例を使って、具体的に説明してみよう。**

解答例　形態や素材などの「外見的具体的な特徴」からではなく、人がその上で何をするかという「利用目的」や「人との相対的位置」といった「人間側の要素」に見合うものを「机」と定義しているように、「もの」を存在させているのは、人間に特有な観点であり、ことばの力によるものであるということ。

四　**最終段落は、内容的に重複する二つの文が表現を変えて繰り返されている。最後の一文を加えた意図を、本文中の記述をもとにして説明してみよう。**

解答例　最終段落の二文目には、本文中に多用されていた「もの」や「こと」という表現が使われている。一文目が本文の結論であるが、二文目に「もの」や「こと」という表現を用いて言い換えることで、筆者の主張をよりわかりやすく説明しようという意図がある。

活動の手引き

一 本文で例示されている「机」の定義を参考にして、家具としての「棚」を、「机」や「床」と区別できるように定義し、文章にまとめて発表し合おう。

考え方 「棚」は、人がその上に物を置いたり飾ったりするための、板などでできている、床と離れている平面などと言うことができる。

二 「ことばの構造やしくみが違えば、認識される対象も当然ある程度変化せざるを得ない。」(五五・15)と筆者が述べる例を、教科書本文と同じ原典を使って調べ、報告しよう。

考え方 原典では、化学式でH_2Oで表記される物質が、日本語では「氷」「水」「湯」などと呼び分けられているのに対して、英語では「ice」「water」の二語、マレー語では「ayĕr」の一語しかないということが説明されている。

言葉の手引き

一 次の同音異義語を漢字に改めよう。

1
- 全くケントウがつかない。
- 解決策をケントウする。
- 互いのケントウをたたえる。

2
- 意見のソウイがある。
- 全員のソウイで決める。

3
- 思考のチュウショウ度を上げる。
- いわれのないチュウショウを受ける。

4
- 動物のケイタイを調べる。
- 免許証をケイタイする。

解答 1 見当・検討・健闘 2 相違・総意 3 抽象・中傷 4 形態・携帯

二 「十指」を使った次の慣用表現の意味を調べ、それぞれを使った短文を作ろう。

1 十指に入る
2 十指に満たない
3 十指に余る
4 十指の指すところ

解答例 1 意味…上位十人の中に入る。
短文…彼女は我が校で十指に入る秀才だ。
2 意味…十より少ない。
短文…この話は十指に満たない人しか知らない。
3 意味…十より多い。際立ったものをあげていくと十以上になる。
短文…十指に余る資格を持つ。
4 意味…多くの人の意見が一致すること。多くの人が認めるところ。
短文…彼がキャプテンにふさわしいことは、十指の指すところだ。

三 「森羅万象」の意味と語の成り立ちを調べ、これと似た成り立ちを持つ「□□万□」の形の四字熟語を探してみよう。

解答例 意味…省略(「語句の解説」を参照)
成り立ち…「森羅」は森林の羅列を表し、多く連なること。「万象」は形あるすべてのもの。合わせて無数に存在するすべてのものを表す。
四字熟語…千差万別・千変万化・千言万語

現代の「世論操作」

林(はやし)　香里(かおり)

教科書P.61〜68

学習のねらい

情報操作の具体例を通して筆者が提起する課題を理解し、メディア社会に生きる者として問題意識を持つ。

要旨

デジタル化とグローバル化の中、権力のあり方は変化している。個人の情報データを掌握し、世論を操作するなど、情報操作のためめに不可視化され、抽象化され、日常に遍在するようになった「権力」に対して、ジャーナリズムは監視の手綱を緩めてはならない。

段落

本文は、内容に従って、三つの段落に分けられる。

一　教P61・1〜P65・8　人々はデータによって操作されていく
二　教P65・9〜P66・15　個人が権力によって監視される時代
三　教P66・16〜P67・8　権力に対する監視を緩めてはならない

段落ごとの大意と語句の解説

第一段落　教61ページ1行〜65ページ8行

現代の世論操作は、かつてのプロパガンダとは違う形で行われている。アメリカやドイツ、イギリスでは、個人のあらゆるデータを引き出して調査分析し、それをもとに政治意見を誘導するマイクロ・プロパガンダとも呼ばれる世論操作が行われた。

教61ページ

1 **独裁者**(どくさいしゃ)　自分だけの考えで物事を決める人。絶対的権力を持って政治を支配する人。

4 **陰の立役者**(かげのたてやくしゃ)　物事を成功に導くために、見えないところでそれを支えている人物。
「立役者」＝物事の中心となって活躍する人。

5 **投資**(とうし)　利益を見込んで、事業や不動産などに資金を投下したり、株券や債券を買ったりすること。

6 **スペシャリスト**　特定分野の専門家。その道での能力や技術の持ち主。

8 **参謀**(さんぼう)　重要な計画に加わり、その実行を助ける人。

10 **フェイスブック**　ソーシャル・ネットワーキング・サービスを提供するアメリカの企業組織。同サービスでは、実名で登録し、情報を発信したり、登録者どうしがインターネット上でコミュニケーションをとったりすることができる。友達リクエストを申請し、相手に承認されると、その相手が友達にだけ公開している個人データや投稿を閲覧することが可能になる。

教62ページ

2 **一躍**　地位などが急に高くなること。

3 **「水曜日の雨の朝に……さほど変わりはない」**　データを使ったキャンペーンや仕掛け作りをすれば、人々にいつも使う歯磨き粉のブランドを変えさせることができるように、平日の雨の朝という人々が行動しにくい状況でも選挙に行かせることが簡単にできるということ。

13 **アマゾン**　インターネットを通じて商品を販売するオンラインストアの運営を手掛けるアメリカの企業。

1　**「私のことを私より知っている」とは、どういうことか。**

答　「私」にまつわる膨大なデータを集積、分析することで、「私」について、「私」が気づいていないことまで知ることができているということ。

教63ページ

3 **糾合**　ある目的のために一つに集めること。本来は、人を呼び集めることをいう。

4 **人となり**　人柄、持ち前の性質。

5 **演説をぶって**　演説で、威勢よく話すことを表す。

5 **扇動的**　人々の気持ちをあおり立てて、ある行動を取るようにしむける様子。

11 **負の遺産**　ここでは、過去に犯した過ちや問題など、引き継ぐ者の重荷になる物事。

12 **タブー**　口に出したり行ったりしてはいけないこと。禁忌。

13 **極右**　極端な右翼思想。「右翼」とは、保守主義・国粋主義（自国の歴史や伝統が他の国よりも優れていると信じて、守っていこうとする考え方）の思想傾向のこと。

13 **躍進**　勢いよく進出すること。

16 **ネットメディア**　インターネットを通じてのコミュニケーションの際、媒介となるもの。

教64ページ

4 **PR**　public relations の略。会社や公共団体などが、事業内容などについて多くの人に知ってもらい、理解や協力を得ようとする組織的活動。ここでは、宣伝・広告。

12 **ツイート**　もとは小鳥のさえずりを表す擬声語で、ここでは、ソーシャル・ネットワーキング・サービスの「Twitter」に投稿されたテキストや画像・動画などのことをさす。

教65ページ

1 **抑圧**　欲望・行動などを無理やりおさえつけること。

2 **不可視化**　目に見えないようにすること。ここでは、対抗意見が人々の目に触れないようにすることをさす。
対 **可視化**

5 **加担**　力を添えて助けること。

第二段落　教65ページ9行～66ページ15行

政治家の活動を監視するメディアは必要だが、現代社会では、監視すべき権力が見えにくくなっており、逆に私たちのほうが権力に監視される立場に置かれている。

教65ページ

答　2

「『権力』とは何なのかが、非常に見えにくくなって」いるのはなぜか。

首相や大統領といった政治家だけではなく、情報技術を扱う企業も世論を操作する「権力」を持ち得るが、その存在自体や、そこに集まる個人データが誰によってどう活用されているのかが不透明であるから。

15**グーグル**　世界最大のインターネット検索エンジンを提供・運営するアメリカの企業。

教66ページ

1**開示する**　外部に情報などを明らかに示す。

2**術**　方法。手立て。手段。

6**便宜を図って**　相手の都合がよいように、特別に計らって。

8**夜討ち朝駆け**　新聞記者などが、夜遅く、あるいは、早朝をねらって取材先を不意に訪問すること。

9**リーク**　機密情報が漏れること。また、意図的に漏らすこと。

第三段落　教66ページ16行～67ページ8行

デジタル化とグローバル化の中、変化する「権力」に対して、ジャーナリズムは監視の手綱を緩めてはいけない。

教67ページ

4**コラボレーション**　共同作業。合作。

6**抽象化**　ここでは、実際の様子がはっきりとわからないようにすること。

対　**具体化**

7**遍在する**　広く行きわたって存在する。

対　**偏在**

7**手綱を緩めてはいけない**　「手綱」は、馬を操るための綱または革製のひも。「手綱を締める」で個人や組織を制御することを表し、「手綱を緩める」はその制御を以前より緩やかにすることを表す。

手引き

学習の手引き

一　本文を三つの段落に分けた場合、事例をあげた第一段落と第二・第三段落とはどのような関係にあるか、説明してみよう。

考え方　三つの段落の分け方は「段落」を参照。各段落の内容は次のとおり。

第一段落…アメリカ・ドイツ・イギリスで、企業が個人データを収集・分析し、それを使って選挙などにおける世論操作を行った事例。

第二段落…現代社会では情報技術を扱う企業が私たちを監視する立場にあり、「権力」を持つ状態になっているという問題提起。

第三段落…国際的な権力を持つ企業が台頭し、権力のあり方が変化しても、ジャーナリズムが監視の手綱を緩めてはならないという結論。

解答例　企業が個人データを収集・分析し、それを使って世論操作を行う事例をあげた第一段落を受けて、第二段落では現代社会の権力のあり方が変化しているという問題を提起し、第三段落では変化する権力に対しても監視を続ける必要性があると結論づけている。

二　第一段落の事例について、次のことを確認しよう。

1　アメリカ、ドイツ、イギリスで行われた世論操作の方法と結果について。

2　「これは、アメリカだけの話ではありません。」（六三・9）という表現を入れた意図と効果について。

解答例　1　○アメリカ　方法…大統領選の際に、フェイスブックから得た情報データを調査分析して共和党に有利な選挙キャンペーンを打ったり、自動送信の大量ツイートで意見を操作したりして、親トランプの世論形成を主導した。

結果…共和党支持を増やし、トランプ政権が誕生した。

○ドイツ　方法…連邦議会選挙の際に、極右政党の宣伝にネットメディアを使い、女性を中心としたソフトなイメージのポスターを作るなどのPRを展開した。

結果…極右政党が躍進した。

○イギリス　方法…EUへの残留か離脱かを問う国民投票の際に、EU離脱を支持する内容のツイートを自動送信の仕組みを使って大量に送信した。

結果…対抗意見が抑圧、不可視化された。

2　意図…世界中で同様の事例が起こっているということを示す。

効果…ドイツやイギリスといったヨーロッパでの事例も、アメリカの事例と同様に、世論操作がなされていたものであることが明確になる。

三　「こうした状況」（六六・7）について、筆者が具体的に述べている内容を整理し、こうした状況においてどのようなことが懸念されるか、考察してみよう。

考え方　「こうした状況」は、一つ前の段落の「現代社会」の状況を言い換えたものであるから、この内容を押さえる。「懸念される」ことについては、次の段落に「それどころか、逆に私たちのほうが、ますます権力に監視される立場に置かれています」「私たちの行動は見張られています」とあることに注目する。

解答例　状況…・プロパガンダがどの国のどの会社から行われているのかがわからない。

・情報テック企業に集められた個人データが誰の手でどう活用されているのかが不透明。

・市民が情報テック企業を監視する術がない。

・情報テック企業が提供する情報プラットフォームを、あらゆる人が日常的に利用している。

懸念されること…個人情報が蓄積されたり、行動が見張られたりと、私たちが権力に監視される立場に置かれること。

活動の手引き

一　本文は、どのような立場にある筆者が、どのような対象に向けて書いた文章か、考えてみよう。

考え方　「私はジャーナリズムを教える立場から」（六五・9）とあることと、本文最後で「『権力』に対して、ジャーナリズムは監視の手綱を緩めてはいけない」と結論づけていることに注目する。

三 「ますます権力に監視される立場に置かれています。」（六六・11）とあるが、メディア社会に生きる人間としてどのような課題があるか、各自で考えたことを文章にまとめて発表し合おう。

考え方 私たちが日常的に利用している情報プラットフォームに膨大な個人情報が集められており、情報操作に利用される可能性があるということを念頭に置いて行動することや、大量の情報を収集・分析することが「権力」を持つことにつながるということを認識し、不当な操作が行われないよう注視することなどが考えられる。

言葉の手引き

一 次のかたかなを漢字に改めよう。

1 イチヤク時の人となる。
2 四散した仲間をキュウゴウする。
3 大衆をセンドウする演説を行う。
4 予想外の結果にショウゲキを受ける。

解答 1 一躍 2 糾合 3 扇動 4 衝撃

二 次の同訓異字語を漢字に改めよう。

1 要人の暗殺をハカる。
2 友人に便宜をハカる。
3 企画案を会議にハカる。

解答 1 謀 2 図 3 諮

三 次の副詞を用いて短文を作ろう。

1 さほど（六二・4）
2 おそらく（六二・13）
3 むしろ（六五・12）

解答例 1 私の部屋はさほど広くはない。
2 おそらく公演は延期になるだろう。
3 試合には負けたが、全力を尽くしたので悔しいというよりむしろすがすがしい気持ちになった。

四 次の語句の意味を調べ、それぞれを使って短文を作ろう。

1 陰の立役者（六一・4）
2 演説をぶつ（六三・5）
3 夜討ち朝駆け（六六・8）
4 手綱を緩める（六七・7）

解答例 意味…省略（「語句の解説」を参照）
短文…1 彼は文化祭成功の陰の立役者だ。
2 全校生徒の前で演説をぶつ。
3 国会議員に夜討ち朝駆けで取材をする。
4 学校の秩序を守るためにも、生徒会長である僕が手綱を緩めるわけにはいかない。

科学と人間

「文化」としての科学

池内(いけうち)　了(さとる)

教科書P.70〜79

学習のねらい

筆者が主張する科学と技術の違いを対比的に整理し、現状における科学と技術の関係を理解する。

要旨

科学と技術は本来別物であり、科学は文化として、技術は文明の手段として役に立つ。科学が文化であるためには、社会的受容が欠かせない。文化としての科学は精神的な安心感・充実感をもたらし、人々の世界観や自然観とも結びついて社会に影響を与えるからこそ、科学者は科学が社会に円滑に受容されていくよう努める義務がある。

しかし、現代では科学が技術と強く結びつく「科学の技術化」が進んで、実用の役に立つという意識が強まり、それに迎合する姿勢も強まっている。「経済的合理性」が優先され、環境倫理や安全性などからの「技術的合理性」が問われなくなる中、科学者は、科学と技術の相違を見極め、技術的合理性がどこまで貫徹し、どこから破綻するかを常に言い続ける社会的責務がある。技術化への道は、技術の危うさを知ったうえで歩むべきだと常に自戒する必要があるのだ。

段落

本文は、内容に従って、四つの段落に分けられる。

一　教P70・1〜P72・2　科学は文化、技術は文明

二　教P72・3〜P73・11　科学が文化であるための条件

三　教P73・12〜P76・1　科学の技術化

四　教P76・2〜P78・5　科学者の社会的責務

段落ごとの大意と語句の解説

第一段落　教70ページ1行〜72ページ2行

精神的生活に関わるものを「文化」、物質的所産に関わるものを「文明」と呼ぶなら、科学は文化の中核、技術は文明の基礎と言える。科学と技術は本来別物で、科学は文化として、技術は文明の手段として役に立つのであり、文化としての科学は、芸術と同様、精神世界を健全に生きていくうえで不可欠である。

教70ページ

3 **物質的所産**(ぶっしつてきしょさん)　物質的な成果として生み出されたもの。

1

「その立場」とは、どういう立場か。

答 学問・宗教・芸術など精神的生活に関わるものを「文化」、生産過程・経済行動・流通や移動方法など人間の物質的所産に関わるものを「文明」と呼ぶ立場。

4 **諸相** いろいろな姿やありさま。

4 **中核** 物事の中心となる重要な部分。

7 **多重性** いくつも重なり合っている様子。

8 **彩る** ここでは、おもしろみや趣などをつけ加える、の意。

11 **技術は……文明の質を変化させていく** 農業文明、工業文明、情報文明という文明の変化の基礎に技術のはたらきかけがあるということ。

教71ページ

6 **弁別** 違いをはっきり見分けて区別すること。

9 **暗黙の裡** はっきりとは言わないまま。

2

「その観点」とは、どういう観点か。

答 生活がより便利になる、金儲けにつながるなど、生活や社会に役立つことを「役に立つ」とする観点。

13 **便宜** 都合のよいこと。便利なこと。

15 **無機的で潤いのない生活** 生き生きとした様子や味わいのない生活。

「無機的」＝生命力の感じられない様子。

対 **有機的**

16 **宇宙創成の謎** 宇宙がいつどのように始まったのかという謎。

第二段落 教72ページ3行～73ページ11行

科学は芸術や宗教と同様に人間の精神的活動の成果である。科学研究は文化を大事にするという市民の合意に基づいて支援され、科学者は文化としての科学の営みを市民の負託に応えて担い、市民はそれを応援しつつその成果を享受する。科学が文化であるためには、社会的受容が欠かせないのである。自然の真理を探る科学は、精神的な安心感・充実感をもたらし、人々の世界観や自然観とも結びついて社会に影響を与える。科学者は科学が社会に円滑に受容されていくよう努める義務がある。

教72ページ

5 **浄財** 利得を考えずに寺社や慈善事業などに寄付する金銭。

5 **対価** 財産や労力などを提供した報酬として受け取る財産上の利益。

8 **暗黙の社会的契約** 市民の間に文化を大事にするという合意が明文化されずとも存在し、文化としての科学の研究に税金が使われるということ。

3

「そのような営み」とは、どのようなことをさすか。

答 あることが大事であって、なければ寂しいというような、人間の精神的活動を支える文化としての営みのこと。

13 **その負託に応えて** 文化としての科学の営みを責任を持って行うように市民から任されたことに応えて。

「負託」＝物事を、その責任とともに任せること。

14 **享受する** 受け入れて味わう。

14 **それ** 文化の中核となるべき科学の営みを市民から託された科学

者は、その負託に応えて誠心誠意努力し、市民はそれを応援しつつその成果を享受するということ。

15 **寄与**　人や社会のために役立つこと。

教73ページ

「科学研究は社会と独立した独善的な行為ではない」というのはなぜか。

4

科学研究は、科学が精神的豊かさをもたらす文化であるために、市民が科学の営みを科学者に託し、科学者の努力を応援しつつその成果を享受するということを前提として、研究への援助に合意することで行われているから。

答

4 **趣味の世界……と類似した側面がある**　自然物を対象に、興味に応じて時間を費やし、追究していく点で類似していると述べている。

「独善的」＝自分だけが正しいと考えるような、独りよがりな様子。

6 **個人の興味に閉じている**　個人の興味の範囲に限定されている。

7 **科学がもたらす所産**　科学によって解明・実証された事柄や成果。

9 **であればこそ、……だからこそ**　理由を受ける接続語を重ね、強調の係助詞「こそ」を用いることで、科学研究に税金が使われ、それを市民が認めていることと、科学者には科学が社会に円滑に受容されていくように努める義務があることを強調している。

11 **円滑**　物事が滞りなく、すらすらと運ぶ様子。

第三段落　教73ページ12行～76ページ1行

現代では、科学が技術と強く結びつきやすくなるという「科学の技術化」が進んでいる。理由として、科学の最前線が特殊化・専門化し、自然全体を大きく切り取る基本理論に欠けているため、原理的な世界の発見が滞り、技術的な側面に力点を置かざるを得ないことや、微視的世界の制御を通じて科学の前線を広げる動きが活発になり、科学と技術の領域が重なり合っていることがある。これに伴い科学者も実用の役に立つという意識が強くなり、それに迎合する姿勢も強まっている。

教73ページ

13 **科学の技術化**　科学と技術が強く結びついていることを示す。

15 **科学の最前線が……基本理論に欠けている**　科学の研究が最も進歩的かつ活発に行われている現場で、根底的な理論に大きく影響を与えるような研究がなされていないということを述べている。

教74ページ

3 **通常科学の域を脱していない**　通常科学の範囲にとどまっているということ。

「域を脱する」＝一定の範囲や段階を越えて広がる。

7 **創薬**　薬剤を発見したり開発したりすること。

9 **クローズアップ**　特定の人やものを大きく取り上げること。

11 **セラミックス**　熱処理によって作られる製品の総称。天然原料から作られた従来のセラミックスを改良・発展させたものをニューセラミックスまたはファインセラミックスという。

16 **壮大な新理論**　「自然全体を大きく切り取るような基本理論」(教73ページ15行)、「原理的な世界の発見」(教74ページ4行)を受けた表現。

教75ページ

2 **終始する**　同じ状態が初めから終わりまで続く。

4 **ナノテクノロジー**　一ナノメートル（一〇億分の一メートル）という極細な単位を扱う技術。

4 **マイクロマシン**　半導体の微細加工技術を応用した超小型機械。

5 **基礎科学**　実用上の目的から離れ、真理の探究を目的とする学問。
対　**応用科学**

9 **そこ**　一ミクロンから一ナノメートルの大きさの微視的世界。

13 **科学者は技術者でもあらねばならない**　科学と技術の領域を明快に分けることができない現状を表している。

14 **必然の方向**　それ以外にありようがない成り行き。

15 **それに迎合する姿勢**　科学者が、自分の考えにかかわらず、実用の役に立つことを目ざす傾向に合わせようとする態度。
「迎合する」＝自らの考えに沿わないことでも、他人の気に入るように合わせる。

16 **知の私物化**　公共の財とも言うべき「知」を私有物のように扱うこと。ここでは、科学的進歩が社会全体ではなく、企業などによって独占されることをさす。

第四段落　教76ページ2行～78ページ5行

科学の技術化において問題なのは、科学の原理や法則を用いて人工物として製品化する際、企業の「経済的合理性」が優先され、環境倫理や安全性などの観点からの「技術的合理性」が問われなくなってしまうことである。科学者は、技術が現実との「妥協」の上に成立していることを認識し、安全が保証される限度を社会に伝える社会的責務がある。科学と技術の相違を見極め、技術的合理性がどこまで貫徹し、どこから破綻するかを常に言い続けなければならない。技術化への道は、技術の危うさを知ったうえで歩むべきだと常に自戒する必要があるのだ。

教76ページ

2 **技術的合理性**　科学の原理や法則を用いて人工物として製品化する際、どのような方式が最も合理的であるかという考え方。

8 **公共的な配慮**　社会の利益に寄与する広い視点からの配慮。

8 **コスト・パフォーマンス**　商品の価格や費用に対する生産性や機能、効率などの高さの度合い。費用対効果。

11 **経済的合理性**　できるだけ費用を抑えて、高い利益を上げるという、経済的な価値基準から見た論理。

5　「そのような状況」とは、どのようなことをさすか。

答　科学者が意図する環境倫理や安全性などの観点からの「技術的合理性」よりも、企業によるコスト・パフォーマンスという「経済的合理性」が優先されるようになるという状況。

13 **習い性になって**　習慣が生まれながらの性質のようになって。ここでは、企業の論理に従うことが当然のようになっていることをさす。

14 **危惧**　成り行きを心配して、おそれること。

14 **癒着**　よくない状態で固く結びつくこと。

教77ページ

1 **収束させようとする**　混乱した状態を収めようとする。

2 **罹患する**　病気にかかる。

4 **豪語**　自信ありげに大きなことを言うこと。

6 **責任転嫁**　自分の責任を人のせいにすること。

8 **限界強度**　物が耐え得る最大の強度。

6 **「現実との『妥協』」とは、どういうことか。**

答　技術を通じて人工物とする際には、工期や予算や実用的便宜のために、ある限界強度を設定しているということ。

11 **社会的責務**　ここでは、技術に対して安全が保証される限度について社会に伝えるという、科学者が負うべき責任のこと。

13 **割り切り**　例外を無視して下す判断のこと。ここでは、想定以上の地震や津波が来た場合の安全性を考えないという妥協をさす。

教78ページ

1 **責任を回避する**　自らの責任とならないように取り計らう。

2 **貫徹**　貫き通すこと。

3 **破綻する**　破れて修復できない状態になる。成り立たなくなる。

5 **自戒する**　自分で自分を戒める。

手引き

学習の手引き

一 **行頭の接続詞に注意して全体を三つの段落に分け、さらに最後の段落を、内容から二つの段落に分けよう。**

解答　省略（「段落」を参照）

二 **右で考えた段落構成をもとに、次のことを考えよう。**

1 各段落の要旨をまとめる。
2 各段落の要旨に基づいて文章展開の構造を把握する。
3 この文章で筆者が最も述べたいことを押さえる。

解答例　1 省略（「段落ごとの大意」を参照）

2 科学と技術の違いを明らかにし、科学者は科学が文化として社会に受容されるよう努める義務があると述べたうえで、現代では科学と技術の結びつきが強くなりつつあるという事実と、その中で科学者が果たすべき社会的責務についての考えを示している。

3 科学が文化として社会に受容されていくために、科学の技術化が進む現代において、科学者は技術の危うさを知る必要があることを自戒し、科学と技術の相違を見極め、どこから環境への配慮や安全の保証がなくなるのかを社会に伝える責務があるということ。

三 **「科学」と「技術」の違いについて筆者はどのように述べているか、簡潔に説明してみよう。**

解答例　科学は文化として、精神的な安心感・充実感をもたらし、人々の世界観や自然観とも結びついて社会に影響を与えるもので、技術は文明の手段として、物質にはたらきかけて文明の質を変化させ、生活を便利にしたり社会を豊かにしたりするものである。

四 **第二段落で提示されている問いに対して、答えに当たる内容をまとめよう。**

考え方　「科学を文化として成り立たせているものは何なのだろうか」（七三・3）という問いに対して、第二段落の中ほどに、「科学が文化であるためには、科学者個人の努力とともに社会的受容が欠かせない条件」（七三・1）とある。「社会的受容」とは、市民が科学の営みを科学者に託し、応援しつつその成果を享受するという態勢のことである。

解答例 科学者個人の努力と、市民が科学の営みを科学者に託し、応援しつつその成果を享受するという社会的受容。

五

「科学の技術化」（七三・13）について、筆者はどのような例をあげながら説明しているか。原因と結果の関係に注意して整理しよう。

考え方 原因として、大きく分けて次の二つがあげられている。1では、重複する内容は適宜まとめるとよい。

1 ・科学の最前線が特殊化・専門化し、自然全体を大きく切り取るような基本理論に欠けている。
・大きな変換を起こすような科学革命は起こらず、通常科学の域を脱することができない。
・原理的な世界の発見が滞り、技術的な側面に力点を置かざるを得ない。
・（通常科学に終始する時代においては、）科学者の研究目標設定も応用を意図した発想を持たざるを得ない。

2 ・微視的世界の制御を通じて科学の前線を広げる動きが活発で、科学と技術の領域が重なり合っている。

また、結果として、次のように、1は科学の理論や研究→技術への応用の例、2は新規技術の可能性の例があげられている。

1 相対論→カーナビ
量子論→エレクトロニクス革命
プレートテクトニクス→地震や火山研究の基礎
DNAの二重ラセン構造→ゲノム解読を経た創薬や病気の治療
超伝導→リニアモーターの開発

2 生物の細胞形成、微小機械（マイクロマシン）の開発、微細構造物（ナノテクノロジー）の合成、医薬品の作製

解答例 ・科学の最前線が特殊化・専門化し、自然全体を大きく切り取るような基本理論に欠けているため、通常科学の域を脱することができない状況であり、原理的な世界の発見が滞り、技術的な側面に力点を置かざるを得なくなっている。その結果として、科学の理論はそれぞれ、相対論→カーナビ、量子論→エレクトロニクス革命、プレートテクトニクス→地震や火山研究の基礎、DNAの二重ラセン構造→ゲノム解読を経た創薬や病気の治療、超伝導→リニアモーターの開発などの形で技術に応用されている。

・微視的世界での科学の前線を広げる動きにより、科学と技術の領域が重なり合っている。その結果として、生物の細胞形成、微小機械（マイクロマシン）の開発、微細構造物（ナノテクノロジー）の合成、医薬品の作製など、新規技術の可能性が生じている。

活動の手引き

一

「科学の技術化」という現状における筆者の問題提起と、問題解決に向けた主張を参考にして、「科学と技術と私たちの関係」について考えたことを文章にまとめ、発表し合おう。

考え方 筆者は、科学者が考える環境倫理や安全性などの観点からの「技術的合理性」より、企業の考える「経済的合理性」が優先されるようになっていること、そのように科学者が「企業の論理に従うことが習い性になっている」ことが「科学の技術化」という現状

における問題点だと述べている。これに対し、科学者が科学と技術の相違を見極め、どこから環境への配慮や安全の保証がなくなるのかを社会に伝え続けるべきだと主張している。これらをふまえ、私たちは科学と技術にどう向き合うべきなのかを考える。

言葉の手引き

一　次の同音異義語を漢字に改めよう。

1　身勝手なコウイを慎む。
　　先輩にコウイを寄せる。

2　キカイ工学を学びたい。
　　全く知るキカイがなかった。

3　失敗の責任を人にテンカする。
　　状況が良い方向にテンカする。
　　薬品に不純物をテンカする。

解答　1　行為・好意　2　機械・機会
3　転嫁・転化・添加

二　次の語の意味を調べよう。

1　負託（七二・13）　2　迎合（七五・15）
3　習い性（七六・13）　4　危惧（七六・14）
5　罹患（七七・2）　6　豪語（七七・4）

解答例　省略（「語句の解説」を参照）

三　次の語句の意味を調べ、それぞれを使って短文を作ろう。

1　暗黙の裡（七一・9）
2　独善的（七三・3）
3　域を脱する（七四・3）

解答例　意味…省略（「語句の解説」を参照）
短文…1　新入部員が片づけをする慣習が部内に暗黙の裡にある。
2　独善的に進めると失敗するおそれがある。
3　彼の考えはおよそ推測の域を脱しない。

四　筆者が、自分の考えをより一般化するために用いている文末表現を指摘してみよう。

解答例　「普通のようである」（七〇・3）・「言うことができるだろう」（七〇・4）・「重要だと言えよう」（七二・12）・「言えるかもしれない」（七三・1）・「否定できない」（七三・13）・「当然と言えよう」（七五・1）・「～ざるを得ないのである」（七五・2）・「必然の方向と言えるのかもしれない」（七五・14）・「確かである」（七五・16）

生と死が創るもの

柳澤桂子（やなぎさわけいこ）

教科書P.81〜88

●学習のねらい

三つのまとまりの関係性を捉えて内容を把握し、生命科学の観点から提示される「死」について考えを深める。

●要旨

多くの人が脳死を人の死と認めることができないのは、物事を全体として捉えることをせず、情緒的なものの価値を認めない科学に対する不信感があるからだと考えられる。しかし、科学が広い視野に立って知識を統合できれば情緒的なものも取り戻すことができる。

生命科学の立場から死を分析・統合すると、生命を支えるための能動的な死があることがわかる。死は生と表裏一体となっていて、人間は死によって四十億年の歴史を受け継いできたのである。

●段落

本文は、空白行によって、三つの段落に分けられる。

一 教P81・1〜P83・1 脳死を人の死とすることへの抵抗感

二 教P83・2〜P84・8 知識を統合する必要性

三 教P84・9〜P87・8 生命を支えるための能動的な死

段落ごとの大意と語句の解説

第一段落 教81ページ1行〜83ページ1行

臓器移植法が施行され、脳死をも人の死とすることになったが、過半数の人が脳死を人の死と認めることに反対しているのは、科学に対して不信感があるからだろう。科学は物事を部分に分けて考え、全体として見ることをしない。情緒的なものの価値を認めず、体を器官という部品の集まりと考える。そのため、臓器提供者やその近しい人の気持ちが適当に扱われるのではないかという危惧を多くの人が抱いていると考えられる。

教81ページ

1 **認容**（にんよう） 認めて受け入れること。

6 **痛ましい**（いた） 不幸な状態や出来事を見聞きして、胸が締めつけられるように感じる様子。

11 **瀕死**（ひんし） 今にも死にそうであること。

教82ページ

2 **ためらわせる** 決心をつけさせず、実行に移させない。

1 「情緒的なもの」（じょうちょてき）を他の語に置き換えるとどうなるか。

答 感情のような非科学的なもの。

「情緒的」＝微妙な感情を抱かせる様子。味わいを感じさせる様子。

11 **粗末**(そまつ)　おろそかに扱う様子。作りや品質が上等でない様子、という意味もある。

12 **おもんぱかり**　いろいろな点について考えをめぐらし。あれこれと気遣い。

13 **危惧**(きぐ)　成り行きを心配して、おそれること。

第二段落　教83ページ2行～84ページ8行

科学や医学が大きな成果をあげている近年、人間はすべてを支配しているような錯覚に陥って傲慢になり、人間による人間の操作に歯止めが利かなくなったり、視野が狭くなって判断が狂ったりする危険性も感じられる。現在の科学は細部に視点を向けているが、細部を調べたらそこで得られた知識を統合し、広い視野で見直す過程を経てはじめて、物事の全体像がつかめるのだ。死について分析と統合を試みたところ、浮かび上がるのは人間という存在であった。科学は統合という過程を経ることで、情緒的なものを取り戻すことができる。

教83ページ

4 **錯覚**(さっかく)　ここでは、思い違い、の意。

4 **傲慢**(ごうまん)　おごりたかぶって、相手を見下したような態度を取る様子。

2　**「歯止(はど)めが利(き)かなくなる」とは、どういうことか。**

答　科学や医学の発展により傲慢になった人間が人間を操作し始めると、倫理的な問題を自らに都合よく解釈して、止まらなくなるということ。

「歯止めが利かなくなる」＝物事の変化や進展を食い止める手だてが機能しなくなる。

8 **功名心**(こうみょうしん)　手柄を立てて名をあげたいと願う心。

8 **視野**(しや)　ここでは、思考や見解、観察などの及ぶ範囲、の意。

10 **これらの問題**(もんだい)　同ページ3行～8行で述べられている、「人間がすべてを支配しているような錯覚に陥り、非常に傲慢になっている」、「人間が人間を操作し始めると、……歯止めが利かなくなる」、「何かを成し遂げる快感や功名心が人の視野を狭くし、判断を狂わせる」といった問題。

11 **執(と)り行(おこな)われる**　物事や行事などが厳粛に行われる。

14 **統合**(とうごう)　二つ以上のものを一つにまとめること。

教84ページ

3　**「人間(にんげん)という存在(そんざい)そのもの」を、この後の文章でどのように規定しているか。**

答　「四十億年の歴史を持つもの、また、死ぬようにプログラムされたもの」(教87ページ6行)

7 **究(きわ)めた**　物事の本質に行き着いた。

第三段落　教84ページ9行～87ページ8行

生命科学の立場から死というものを考えると、生命現象としての死には、周囲の環境条件が悪くなり生き永らえることができなくなって訪れる死と、生命を支えるための能動的な死があることがわかる。単細胞生物の増殖原理ではやっていけない多細胞生物は、一代限りで細胞を全部殺してしまい、新しい生殖細胞から個体を作り直すことで個体の寿命と能動的な死を生み出したと考えられる。その死は生命の破局ではなく、よりよき生命を生み出すための死であり、死は生と表裏一体となっている。死をこのように捉え直すと、四十億年の歴史を持つ、死ぬようにプログラムされたものとしての人間が浮かび上がってくる。

教84ページ

10 **破局的** ここでは、悲劇的な結末を感じさせる様子、の意。「破局」には、物事がうまくいかなくなり、二度ともとには戻せない状態になること、という意味もある。

14 **能動的** 自分から積極的にはたらきかける様子。**対** **受動的**

15 **遂行する** 仕事や務めなどを最後までやり通す。

教85ページ

5 **増殖** 増えること。増やすこと。ここでは、生物の個体の数や細胞の数が増えること。

5 **原理** 認識や行為の根本をなす理論。

6 **機構** 仕組み。

教86ページ

4 **すでに述べたように** 教85ページで、多細胞生物は「一定の形を持っている」ため、「細胞をむやみやたらに増やすこと」はできず、「増殖原理ではやっていけない」と述べていることをさす。

9 **ご破算にして** それまでの経過をいっさいなしにして、もとの白紙の状態に戻して。

教87ページ

4 **ダイナミック** 躍動的で、活力にあふれている様子。

4 **表裏一体** 相反する二つのものの関係が根本において密接で切り離せないこと。

6 **諸相** いろいろな姿やありさま。

6 **穿つ** ここでは、物事の隠れた真相を巧みに捉える、という意。穴をあける、貫く、という意味もある。

手引き

学習の手引き

一 三つのまとまりのうち、筆者が最も述べたい内容はどれか、理由も含めて指摘しよう。

解答例 筆者は三つめのまとまりで、生命現象としての死には、環境悪化により生き永らえることができなくなって訪れる死と、生命を支えるための能動的な死があることをあげ、多細胞生物である人間は能動的な死によって遺伝情報を四十億年も受け継いできたのであり、その死は生命の破局としての死ではなく、よりよき生命を生み出すための死だと述べている。筆者の「死」についての考えが示されているこのまとまりが、筆者が最も述べたい内容だと考えられる。

二 他の二つのまとまりに書かれている内容は、最も述べたいまとまりとどのように関係しているか。それぞれのまとまりで述べられている事柄を整理し、互いの関係性を説明してみよう。

解答例 一つめのまとまり…臓器移植を例に、人々が死の定義をめぐって揺れていることや、それに関わる科学に対して不信感を持っていることを指摘している。

二つめのまとまり…科学や医学の発展により、人間がすべてを支配していると錯覚して傲慢になり、視野が狭くなる危険性があることや、現在の科学が物事の細部ばかりを見て知識の統合が行われていないことをあげ、物事を分析・統合して広い視野で見直す必要性があることを指摘している。

関係性…一つめのまとまりでは、死の定義をめぐる科学への不信感があることをあげ、二つめのまとまりでは、現在の科学の問題点と、その解決策として、分析・統合の必要性をあげている。これらを受けて、三つめのまとまりで、死とは何かを分析・統合して明らかにし、そこから浮かび上がった人間という存在についても示している。

三 **筆者が提示する「能動的な死」とはどういうものか、まとめてみよう。**

解答例　多細胞生物が、悪い細胞を排除するために、一代限りで細胞を全部殺してしまい、新しい生殖細胞から個体を作り直すという方法を取るというもので、生命を支えるための死。この方法で、遺伝情報が生殖細胞を通して四十億年もの間受け継がれている。

四 **「能動的」「ダイナミック」という肯定的な意味を持つ語で「死」を捉える筆者の考え方に触れて、各自が抱いた感想を話し合おう。**

考え方　筆者は、人間の「死」は、「悪い細胞を排除」するためのものであり、生命としては一代限りではあるが、遺伝情報は、「生殖細胞を通して次代に伝えられ」、「四十億年もの間受け継がれてきた」と述べており、「死」というものを悲観的に捉える必要はないと示していると言える。

活動の手引き

一 **この文章で提起されている科学者のあり方と、『「文化」としての科学』で提起されている科学者のあり方とを比較し、共通して提起されている問題に対して取り得る対応策を、文章にまとめて発表し合おう。**

考え方　この文章では、物事を全体として捉えることをせず、情緒的なものの価値を認めない科学に対して、多くの人が不信感を抱いていることや、現在の科学は、物事の細部にばかり目を向けていて、広い視野で見直すことができていないため、科学者も視野が狭く、正しい判断ができないのではないかと危惧されることをあげている。

一方、『「文化」としての科学』では、本来文化として精神的生活に関わるものである科学が、現代では特殊化・専門化し、自然全体を大きく切り取るような基本理論に欠けているため技術化の一途をたどっていることや、「知の私物化」が進んで、科学者が企業の論理に従うことが習い性になっていることに危惧を覚えているとある。両者とも、科学が専門化しすぎて、科学者が物事を広い視野で見たり考えたりすることがなくなっていることを問題視している。

対応策としては、科学者が自身の研究分野にとどまらず、幅広い学問の研究者と連携して知識を統合し、広い視野を身につけることや、情緒的・精神的なものの価値を認識することなどが考えられる。

二 **筆者の経歴や、歌人として発表している短歌等を調べ、生と死について考えたことを発表し合おう。**

考え方　筆者は、三十一歳のときに、原因不明の難病を発症し、以来五十年以上にわたって闘病生活を続けている。「一かけの…」「またひとつ…」といった短歌からは、病と闘いながら生きる辛さとともに、病のために臓器を失いながらも、かろうじて生き永らえている自身の生命力や命に対する思いを感じ取ることができよう。また、「芽吹くもの…」といった短歌からは、次代へつながれていく命についての筆者の眼差しが感じ取れる。

言葉の手引き

一　次のかたかなを漢字に改めよう。

1　遺骨をマイソウする。
2　ゴウマンな態度。
3　任務をスイコウする。
4　魚をヨウショクする。

解答　1　埋葬　2　傲慢　3　遂行　4　養殖

二　次の表現の意味を考えてみよう。

1　生の終わりの一点（八四・10）
2　死を穿つ（八七・6）

解答例　1　「終わり」が一つの「点」であることから、それより先に広がりがない様子が思い描かれ、「生の終わり」以外の何ものでもない、「生」の終着点、という意味合いを表している。
2　「穿つ」には「物事の隠れた真相を巧みに捉える」という意味があり、ここでは「破局的なイメージ」（八四・10）ではない「死」というものの本質を捉える、という意味を表している。

三　「表裏一体」（八七・4）のように、逆の意味の漢字を組み合わせた四字熟語をあげてみよう。

解答例　一部始終　一喜一憂　一進一退　一長一短
因果応報　右往左往　有象無象　栄枯盛衰　夏炉冬扇
危急存亡　終始一貫　取捨選択　内憂外患　利害得失

四　次の傍線部の表現には、筆者のどのような意図が読み取れるか、説明してみよう。

1　臓器移植法が施行され、……脳死をも人の死とすることになった。（八一・1）
2　臓器移植という技術が開発されたことによって、……他の人に移植する必要が生まれた。（八一・8）
3　その臓器によって瀕死の患者を救えることはすばらしいことであろう。（八一・11）

解答例　1　人の死の定義の歴史はまだ浅く、変化しているものであり、臓器移植法によって、心臓が動いていても脳死であれば死と判定されるようになったことは、過半数の人が反対しているように、人々の納得するところではないということを示す意図。
2　臓器移植という技術が開発されたことで、心臓が動いていても、臓器移植する必要があるがために死と判定されるようになったという面を皮肉をこめて伝える意図。
3　臓器移植によって患者を救えることの意義は認めつつ、そのことを優先するあまり脳死と判定された人やその人に近しい人の気持ちがないがしろにされるのではないかという危惧を多くの人が抱いているということを後に続けて示す意図。

論理分析

事実と意見

「私作り」とプライバシー

阪本俊生

教科書P.90～93

語句の解説

教90ページ

2 **暴露**　秘密や悪事が明るみに出ること。それらをあばき出すこと。

2 **憤慨**　不正や不当なことに対して、ひどく腹を立てること。

4 **売名行為**　利益や見栄のために、自分の名前を世間に広めようとする行為。

4 **眉をひそめる**　心配なときや嫌なときに、眉を寄せること。

4 **プライバシー**　他人に知られたくない、個人の私生活に関すること。それを守る権利。

5 **さらけ出そうとする**　隠すことなく、ありのままにすっかり外にあらわそうとする。

6 **先手を打とうとしている**　物事を相手よりも先に行い、優位な立場に立とうとしている。

6 **詮索**　細かいところまで、さぐり調べること。

7 **出鼻をくじこう**　物事を始めようとしたところや、勢いに乗って調子づこうとしているところを、やる気をなくすように妨げようとすることを表す。

7 **他人による勝手な物語化**　マスメディアが「有名人たちの事件や私生活を素材にして、社会に売り込みやすいステレオタイプの物語を作ろうとする」（教91ページ1行）ことをさす。

9 **裁定を下す**　物事の善悪をさばいて決める。ここでは、タレントが私生活をマスメディアに公表することが、「売名行為」か「物語化の阻止」（「他人による勝手な物語化に対する予防措置」）かを判定することをさす。

10 **このようなこと**　タレントが私生活を自分からマスメディアに公表すること。

12 **イニシアティブ**　人に先立って提案したり行動したりすること。主導権。

教91ページ

1 **ここ**　プライバシーと深く関わっている、誰が「私作り」のイニシアティブを取るかということ。

1 **主導権**　中心となって物事を導く権力。

2 **聖人君子**　知識や徳が優れていて、人々から尊敬される人。

3 **勧善懲悪**　善い行いをすすめ、悪い行いをこらしめること。

3 **清廉潔白**　心が清らかで私欲がなく、恥じるところがないこと。

4 **人格的**　人柄が優れていて、高い品性を持つ様子。

4 **相容れない**　両者の考えや立場が食い違っていて、一緒には成り立たない。

9 **太刀打ち**　実力で互角に張り合うこと。

9 **逆手に取って**　相手の攻撃を逆に自分の攻撃に利用して。ここでは、マスメディアの情報伝達力を利用することをさす。

12 **核心**　物事の中心となる大切なところ。

14 **自らの物語的分身が作られて、社会を独り歩きし始める**　マスメディアによって勝手に作られたイメージを「分身」とし、それが「独り歩き」するというように擬人化することで、本人とかけ離れたイメージが広まっていく様子を強調している。

16 **昨今**　近頃。

17 **ウェブサイト**　インターネット上に情報を公開している「ウェブページ」の集まり。「サイト」は、インターネット上で、情報がある場所、という意味。

17 **ブログ**　インターネット上で個人の意見や体験などを公開している日記形式のウェブサイト。

18 **画期的**　今までになかったこととして、新時代を開くほどにめざましい様子。

教92ページ

8 **その人自身の主体的な意思や選択に委ねられる**　その人の意思や選択が信用され、それに完全に任せられる。「委ねる」には、すべてをささげる、という意味もある。

9 **プライバシー侵害**　個人の私生活の事実や、これまで公開していなかった事柄が、第三者によって公開され、それによってその個人が不快に感じたときに、プライバシー(権)が侵害されたとみなされ、公開の中止や公開された情報の削除を求めることができる。また、場合によって、相手に損害賠償を請求することもできる。

活動の手引き

一　[　　]に、本文中の適切な表現を入れよう。

解答例　【第一段落】●他人による勝手な物語化に対する予防措置

【第二段落】●ステレオタイプの物語を作ろうとする・すさまじい情報伝達力によって、彼らが作った物語的イメージを広めてしまう

【第三段落】●「私作り」のイニシアティブ

二　第四段落に示された、プライバシーに関する考え方の要旨を、百字以内でまとめよう。

考え方　第四段落の前半は、「私作り」のイニシアティブについて説明されている。プライバシーに関する筆者の考え方については、後半を簡潔にまとめる。

解答例　プライバシーとは、「自己に関するイメージを自らコントロールする権利」であり、自分に関する情報の流れをコントロールするという消極的な面だけでなく、いかに自分の情報を作っていけるかという積極的な面も含む。

推論

AIは哲学できるか

森岡正博

教科書P.94〜96

語句の解説

教94ページ

1**目覚ましい**　目が覚めるほどすばらしい。

1**その波**　緻密な思考力や高度な判断力を必要とする分野で、人工知能が人間に勝るようになること。

3**考えることそれ自体が……囲碁や将棋と同じ運命をたどるかもしれない**　哲学の仕事内容である、考えるという行動が、ＡＩが行う記憶・推論・判断・学習などの知的行動に含まれるため、ＡＩに置きかわるのではないか、囲碁や将棋の勝負で人間が人工知能に勝てなくなるように、学者よりも人工知能のほうが優れた研究の成果を上げるようになるのではないかという考えを示している。

6**カント**　イマヌエル・カント(一七二四〜一八〇四年)。ドイツの哲学者・思想家。

6**カントふうの思考パターン**　カントならどのように考えるかといった思考のしかたや道筋を、いくつかの型に分けて示したもの。

7**アプリ**　アプリケーション・ソフトウェアの略。コンピュータ上で起動させる、計算やゲームなど特定の目的のために作られたプログラム。

8**人工知能と哲学者の幸福な共同作業**　人工知能はカントの思考パターンを発見し、それをもとにカント研究者に質問されたことに答えるという作業を、カント研究者は「人工知能カント」が導き出した答えを分析するという作業をそれぞれ担うことをさす。互いに得意なことができるうえに、それぞれの領域が守られるという点で「幸福」だとしている。

10**テキスト**　教科書。原典。ここでは、哲学者たちの著した書物の本文のこと。

11**抽出**　物や要素を抜き出すこと。

11**およそ**　一般に。

教95ページ

2**振る舞い**　動作。言動。ここでは、人工知能の働きやその結果をさす。

2**一種の計算機科学に近づく**　「計算機科学」とは、コンピュータの理論・設計・応用について研究する学問。哲学者の仕事が、哲学というより科学に近いものになるということをさす。

3**根本的**　物事が成り立つ大もととなっている様子。

5**切実**　自分の身に直接関係があって、おろそかにしておけない様子。

5**内発的**　外部からの刺激によらないで、内部から自然に起こる様子。

10**人工知能は哲学をしている**　人工知能が、「なぜ私は存在しているのか?」「生きる意味はどこにあるのか?」というような問い

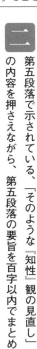

を自分自身にとっての切実な問いとして内部から発し、それらについてひたすら考え始めるという状況をさす。

10 **正しい意味で……到達した**　人工知能がデータから人間の思考パターンを発見・網羅したり、人間によって設定された問いに解を与えたりするだけではなく、哲学の問いを内発的に発するという人間特有の思考をすることが可能になったときが、「正しい意味」で人工知能が「人間」の次元に到達したときだとしている。

12 **自律的**　自分で立てた規範に従って動く様子。
対 **他律的**

12 **普遍的**　すべての物事に共通している様子。
対 **特殊**

12 **真理**　いつの時代でも、誰でもが正しいと認める事実や法則。

12 **人間という類**　人間に分類される種。
「類」＝同じ種類のもの。似た性質を持つもの。

12 **証し**　証拠。証明。

13 **取って代わられる**　優位にある人や物が、他の人や物にその地位を占められる。

14 **それ**　自由意志に基づいた自律的活動と、普遍的な法則や真理を発見できる思考能力。

15 **彼ら**　人工知能のこと。

16 **この点**　内発的な哲学の問いが、人間と人工知能とでは異なるという点。

活動の手引き

一　**「　」に、本文中の適切な表現を入れよう。**

解答例　【第二段落】●「人工知能カント」
●「およそ人間が考えそうな哲学的思考パターンのほぼ完全なリスト」
【第三段落】●内発的
【第四段落】●内発的・「人工知能は哲学をしている」

二　**第五段落で示されている、「そのような『知性』観の見直し」の内容を押さえながら、第五段落の要旨を百字以内でまとめよう。**

考え方　「そのような」という指示語は直前の「人工知能が人間の次元に到達するためには、それに加えて、内発的哲学能力が必要だ」という筆者の考えをさしている。この部分にも「それ」という指示語があるので、さらに前の部分を確認すると、「自由意志に基づいた自律的活動と、普遍的な法則や真理を発見できる思考能力」が「知性」を持つ「人間という類の証しであると長らく考えられてきた」ということが述べられている。つまり、これらの従来の「知性」に「内発的哲学能力」が加わって、新たな「知性」になると筆者は考えているのである。

解答例　人工知能が人間の次元に到達するには、自由意志に基づいた自律的活動と、普遍的な法則や真理を発見できる思考能力に加えて、内発的哲学能力が必要である。人間と人工知能の対話は、哲学の新次元を開くことになろう。

生活の中の表現

法律の改正に関わる文章を読み比べる

教科書P.98〜101

●学習のねらい

改正前後の法律文を読み比べて必要な情報を読み取り、複数の文章を関連づけながら理解したことをまとめる。

●読むポイント

法律文は、法律用語や日常使用しない表現が用いられていることが多い。一文も長いため、主述を的確に押さえて読み取ろう。

語句の解説

教98ページ

【資料A】

17 **遵守**(じゅんしゅ)　法律・きまり・教えなどに従って、それをよく守ること。

19 **当該**(とうがい)　前であげていることに当てはまること。

【資料B】

8 **制動**(せいどう)　車輪などを止めたり、速度を落としたりすること。ブレーキ。

16 **旨**(むね)　述べようとすることの中心的な内容。

教99ページ

【資料A】

4 **法人**(ほうじん)　人間のように法律上人格を認められ、権利・義務の主体となることのできる組織や団体など。

4 **委託**(いたく)**する**　ある行為などを他人に依頼して任せる。

教100ページ

【資料C】

2 **摘発**(てきはつ)　悪事などをあばいて、社会的に公表すること。

8 **書類送検**(しょるいそうけん)　「送検」は、警察が事件を検察庁へ送ること。捜査書類と証拠物だけを送る「書類送検」と、被疑者の身柄をともに送る「身柄送検」がある。

9 **略式起訴**(りゃくしききそ)　「起訴」は、主に検察官が裁判所に訴訟を提起すること。「略式起訴」は、被疑者に異議がない場合に、簡易裁判所の書面審査による判決を請求すること。

11 **区検**(くけん)　各簡易裁判所に対応して設置される「区検察庁」の略。

12 **起訴猶予**(きそゆうよ)　犯人の性格・年齢・境遇や、犯罪の軽重・情状などを考慮して、検察官が訴訟を提起しないこと。不起訴処分。

20 **答申**(とうしん)　ここでは、行政庁からの求めに応じて、有識者などが意見を申し述べること。

【資料D】

2 **氷山**(ひょうざん)**の一角**(いっかく)　物事のごく一部が表面に現れているにすぎないこ

とのたとえ。

3 施行（し（せ）こう）　ここでは、公布された法令の効力を現実に発生させること。一般的には「しこう」と読むが、特に法律用語として用いられるときは、「せこう」とも読む。

18 検分（けんぶん）　実際に立ち会って調べ、見届けること。

20 趣旨（しゅし）　あることをしようとするにあたっての、目的や理由。

活動の手引き

一　【資料A】と【資料B】とを比較して、道路交通法の改正点を整理し、文章にまとめてみよう。

解答例　改正点は大きく二つある。まず「自転車の検査等」についてである。具体的には、警察官は基準に適合する制動装置を備えていないと認められる自転車の運転を停止させ、制動装置について検査をすることができるということと、必要な応急措置を命じ、十分な整備ができない場合には、運転の中止を命ずることができるということである。

もう一つは「自転車運転者講習の受講命令」とその「報告」についてである。具体的には、公安委員会は危険行為を反復してした自転車の運転者に対して、自転車運転者講習を受けるように命ずることができるということと、そのように命令したとき、または自転車の運転者が危険行為をしたときや自転車運転者講習を受けたときは、国家公安委員会に報告し、国家公安委員会はそれを各公安委員会に通報するということである。

二　【資料C】は、【資料A】から【資料B】への法改正が行われる前に書かれた新聞記事の抜粋で、法改正へとつながる社会問題について指摘されている。【資料C】に基づき、背景にある社会問題に触れながら、法改正が行われた理由を説明してみよう。

考え方　【資料C】の第二段落から、二〇一二年当時、自転車の交通違反について、悪質な違反として書類送検されても大半が起訴猶予になっていたということを押さえる。また、第三段落から、前年より運転マナー向上を打ち出し、取り締まりを強化しているものの自転車事故の大幅減にはつながっていないことから、新たな対策が必要だとして悪質運転者を更生させる講習などの義務化が検討されることになったということを押さえる。

解答例　二〇一二年当時は、自転車の交通違反は、書類送検されても大半が起訴猶予になっており、取り締まりの強化だけでは自転車事故の大幅減にはつながらず、悪質運転者を更生させるための講習などの義務化が必要となったから。

三　改正道路交通法に従った場合、次の事例（省略）に示す警察官の対応は妥当と言えるだろうか。また、公安委員会はこの男性に対して「自転車運転者講習の受講命令」を発令することができるだろうか。【資料B】の法律の文言を引用しながら説明してみよう。

解答例　警察官が男性の自転車を止めたことは、「当該自転車を停止させ、及び当該自転車の制動装置について検査をすることができる」という文言に該当し、ブレーキが故障した自転車の運転はしないよう指示したことも、「当該自転車の運転を継続してはならない旨を命ずることができる」という文言に該当するため、妥当と言える。また、男性は危険行為を「反復して」してはいないため、公安委員会は「自転車運転者講習の受講命令」を発令することはできない。

四 **【資料D】は、改正道路交通法の施行から一年後に書かれた新聞記事の抜粋である。この記事から、自転車危険運転に関していまだ残されている課題は何だと読み取れるだろうか。【資料B】の法律の文言と、【資料D】の新聞記事の文言とをそれぞれ引用しながら説明してみよう。**

考え方 【資料D】では「『実際の危険行為は、摘発件数よりはるかに多い』」と、摘発に至らないケースが多いことがあげられている。その要因の一つとして、第三段落に、改正道路交通法の「運用上の課題」があることにふれている。これに注目して、「大半のケースで危険行為の警告にあたるのは、交通安全指導員となる」が、「『実際に指導員がチェックするのは難しい』」ため、「交通事故の検分の結果、危険行為だった場合に摘発を行っているのが実情」という課題を読み取る。これは、改正道路交通法が「自転車の検査等」を実行する者として「警察官」を想定していることと異なっており、第四段落の「『交通違反の実務と制度の趣旨が一致していない部分もある。……』」という担当者の話にも合致する。

解答例 改正道路交通法では、「自転車の検査等」を実行する者を「警察官」と想定しているが、実際には「大半のケースで危険行為の警告にあたるのは、交通安全指導員」で、「『実際に指導員がチェックするのは難しい』」ため、「交通事故の検分の結果、危険行為だった場合に摘発を行っている」状態にある。このように「交通違反の実務と制度の趣旨が一致」せず、危険行為をした運転者の摘発や安全運転講習の受講が広まっていないという課題が残されている。

日本の労働問題に関わる資料を読み比べる

教科書P.102～105

学習のねらい

労働問題に関わる資料を読み比べて必要な情報を読み取り、複数の情報を関連づけて理解したことをまとめる。

読むポイント

グラフは、タイトルや項目から、何について表しているのかを正確に押さえ、数値や割合などの事実を客観的に読み取ろう。

語句の解説

教102ページ

【資料A】

離職率（りしょくりつ）　ある職場の労働者のうち、一定の期間に離職した人の割合。

「離職」＝今まで就いていた職から離れること。

【資料C】

雇用（こよう）　ここでは、労働に従事し、その報酬が支払われる契約のこと。

「雇用が不安定」とは、契約やその履行に問題があることをさす。

教103ページ

【資料D】

有給休暇（ゆうきゅうきゅうか） 一定の要件を満たす労働者に認められる、休んでも給料が支給される休暇。勤続年数によって取得可能な日数が異なるが、年に五日は取得させることが労働基準法で義務化されている。

活動の手引き

一 後にあげる文章（省略）は、「日本の労働問題について考える」というテーマのレポートの冒頭部分である。

1 レポートの中で、若者の離職率の高さを、日本の労働問題の一つに取り上げている。【資料A】と【資料B】から読み取れる「若者の離職」の現状を整理し、さらに【資料C】に基づいて、その背景となる理由を、年齢階級別にも注目して文章にまとめてみよう。

2 レポートの中で、「違法状態を体験していても何もしなかった労働者が少なくない」と述べ、その背景理由として、労働に関する権利の認知度の低さを指摘している。労働に関する権利の認知度について、【資料D】から読み取れる情報を文章にまとめてみよう。

考え方 1 【資料A】から、「中学卒」の就職後3年以内の離職率が60％を超えて最も高いこと、また、どの学歴でも「社会人1年目」の離職率が最も高いことを読み取る。【資料B】からは、「19歳以下」の離職率が男女ともに最も高く、約40％が離職していることを読み取る。これらをふまえて、【資料C】から、「15～19歳」の離職者の過半数があげている「満足のいく仕事内容でなかった」「労働条件（賃金以外）がよくなかった」という離職理由を中心にあげるとよい。

2 【資料D】から、労働者の認知度の高い上位三つの項目でも60％台であり、最も認知度が低い「相談窓口に関する内容」については、知っている労働者が20％にも満たないことを読み取る。

二 労働に関する権利については、認知度の低さ以外にも、行使を妨げる日本人の意識の問題があるという指摘が一般的になされている。【資料E】から読み取れる情報を文章にまとめてみよう。

考え方 「行使」は、権利などを実際に使うこと。【資料E】から、日本人の「有給休暇取得率」は50％と各国に比べ最も低いこと、「自分はより多くの有給休暇をもらう権利がある」と考える日本人も54％しかおらず、「有給休暇の取得に罪悪感がある人の割合」は58％と各国に比べ最も高いことを読み取る。

学校新聞の記事内容を検討する

教科書P.106～109

● 学習のねらい

与えられた資料と会話文を関連づけながら、課題に即して必要な情報を読み取り、活用する。

● 読むポイント

新聞記事は、「見出し」に注目して最も伝えたいことを押さえ、いつ・どこで・誰が・何を・どうしたという要素を正確に読み取ろう。

語句の解説

教106ページ

【資料A】

論説（ろんせつ）　ここでは、新聞を作成した新聞部の主張を述べた文章をさす。一般的には、新聞社の主張を新聞に掲げたものを「社説」という。

支障（ししょう）**をきたす**　差しさわりがある状態になる。

教107ページ

【資料B】

言論の自由（げんろんのじゆう）　個人が思想や意見を言語によって発表する自由。

秘匿（ひとく）　秘密にして隠すこと。

活動の手引き

一　空欄1に当てはまる文言を、活動方針の中から十字で抜き出そう。

考え方　【資料A】の論説記事の冒頭の一文、「これからの社会では……求められている。」は、何をもとにした文言か不明である。

解答　情報の出所を明示する

二　空欄2に当てはまる文言を、何と何とが対立しているのかがわかる形にして、活動方針の中から書き出そう。

考え方　生徒Cの「インタビューに答えてもらった人の名前を記載してもいい」かという疑問に、生徒Bが「記載して大丈夫」と答えていることから、情報源の公開・明示について対立する文言を探す。

解答例　「取材源の秘匿を徹底し」と「情報の出所を明示する」

三　傍線部について。

1　「部の活動方針をふまえると」とあるのは、活動方針のどの条項に照らしたものか。条項の番号で答えよう。

2　「誤りではないにしても、修正が必要」と述べる理由を、次の条件1〜4（省略）を満たすように書いてみよう。

考え方　1　傍線部の前後の会話から、「購買部の充実」や「学校行事の改善」といった項目にも注目していることがわかる。現在の記事は、「各教室のエアコン完備」についての内容に偏っているため、活動方針の4の条項と照らして修正が必要と言える。

2　「誤りとは言えない理由」、「修正が必要と考える理由」については、いずれも【資料A】のアンケート結果と、【資料B】の活動方針4の条項から根拠となる箇所を取り上げるとよい。

解答例　1　4

2　「各教室のエアコン完備」を求める生徒は81人と最多なので、必要な情報を正確に報道している。しかし、「文化祭の復活」を求める生徒も79人と多いように、他の項目について記事で触れていないのは、情報を公正に報道しているとは言えないと考えたからである。

図書委員会のポスターの掲示内容を検討する

教科書P.110〜114

●学習のねらい

与えられた資料と会話文を関連づけながら、課題に即して必要な情報を読み取り、活用する。

●読むポイント

ポスターは、一目で情報が伝わるよう工夫されたものが多い。ポスターの文字や絵・写真などから、伝えたい情報を読み取ろう。

語句の解説

教112ページ

【資料B】

12 **ひもとき**　開き。「ひもとく」には、書物を開いて読む、書物などで調べて真実を明らかにする、という意味がある。

13 **託宣**（たくせん）　神のお告げ。偉い人の言葉。

15 **領**（りょう）**されている**　ここでは、自分の中を占められているということ。

活動の手引き

一　空欄1に当てはまる内容を、【資料B】の文章中から十字以上、十五字以内で抜き出そう。（字句を適当に改変してもよい）

解答例　本の向こうから「呼ばれた」（いきなり本の向こうから呼ばれた）

二　傍線部について。

1　「このポスター内容の変更のことを議案書に追加しておく」とあるが、【資料C】の議案書のどこに、何を書き加えればよいか、説明してみよう。

2　「ポスターの具体的な修正案」とあるが、ここで資料として提出するポスターの修正案は、「出会い方①・②」をまとめて「人に薦めてもらう」で一本化し、新たな「出会い方②」として、Bさんが提案した本との「出会い方」を紹介するものにしたい。

(1)新たな「出会い方②」の見出しとしてふさわしい文言を、十字前後で書いてみよう。なお、文体は他の見出しと統一すること。

(2)「出会い方②」として示す文章を、次の条件1〜4（省略）を満たすように書いてみよう。

考え方　1　「ポスター内容の変更」は提案なので、「議題」に相当する。ポスターの修正案を資料として提出することにも留意する。

解答例　1　（議題）　4．掲示しているポスターの内容変更（資料③）

2　(1)本に呼びかけてもらう

(2)本に呼びかけられる、そんな本との出会いを経験したことはありませんか。学校図書室や図書館、本屋などで、いろいろなジャンルの棚をのぞいて、その中から自分を呼んでいると感じた本を手に取ることから始めてみてもよいでしょう。

社会と人間

不均等な時間

内山（うちやま）　節（たかし）

教科書P.116～123

●学習のねらい

具体的事例から一般論への展開と、対比の構造とを手がかりとして、近代化と時間の合理性との関係を理解する。

●要旨

伝統的な時間世界では、時間は区切られることなく循環していて、人々の営みもその流れの中にあったが、近代化によって時間が経済価値を生むか否かで分けられ、客観的なものとして管理されるようになると、人々はそれに対応することを求められるようになった。近代社会が作り出した時間世界は、循環する時間世界の中に生きる自然の時間を破壊し、自然の力に頼る一次産業では自己矛盾を起こす。この問題は、私たちが循環する時間世界を再び作り出すか、循環する世界の中での存在の形を創造することでしか解決しない。

●段落

本文は、内容に従って、四つの段落に分けられる。

一　教P116・1～P117・5　上野村と隣村の農業形態の差異
二　教P117・6～P119・2　伝統的な時間世界と近代的な時間世界
三　教P119・3～P121・11　近代的な時間世界が生み出す問題
四　教P121・12～P122・8　問題の解決に必要なこと

段落ごとの大意と語句の解説

第一段落　教116ページ1行～117ページ5行

筆者が上野村の人々と山菜採りに出かけて見た隣村では、山の裾野を開墾して大規模な農地を造成し、大型トラクターを導入して、収益性の高い農業を営んでいた。上野村の人々は感嘆するが、自らの営む伝統的な山村農業を変えようとはしない。

教116ページ

6 **裾野**（すその）　山の麓が緩やかな斜面になって広がっている野。
6 **開墾**（かいこん）　山や荒地などを切り開いて、田畑にすること。
7 **高冷地**（こうれいち）　標高が高く、気温が低い土地。
7 **感嘆**（かんたん）**の声**（こえ）**を上**（あ）**げる**　感動、感心して思わず声を出す。
8 **大百姓**（おおびゃくしょう）　たくさんの田畑を所有している裕福な農家。
11 **称賛**（しょうさん）**する**　ほめたたえる。「賞賛する」とも書く。

教117ページ

2 **造成する**　人手を加えて、人間が使えるものに造り上げる。

3 **その気になれば**　ここでは、開墾しようという気になれば、の意。

第二段落　教117ページ6行〜119ページ2行

上野村では、伝統的な畑仕事としての農業を行い、人々は季節の循環とともに作物を作り、その作物を利用して暮らしているため、毎年同じ季節を迎えることに価値がある。時間は区切られることなく循環し、その流れの中に人々の営みもある。一方、隣村では、農地を商品の生産工場とした農業経営を行い、労働時間の作り出す経済価値がすべてである。時間は区切られ、客観的なものとして管理され、人々はそれに対応していくことを求められる。上野村の人々が「先進的」で近代化された農業経営をまねしないのは、時間世界の変化が、暮らしや人々の意識、存在を変えてしまうことを知っているからであろう。

教117ページ

7 **営農**　農業を営むこと。

1　**「伝統的な畑仕事」と「農業経営」の違いは何か。**

答　「伝統的な畑仕事」は、狭い農地で手作業で行う、季節の循環とともに作物を作る農業であり、「農業経営」は、広大な農地で大型の機械を導入して行う、商品として作物を生産する農業であるという違い。

8 **循環**　一回りしてもとの所へ返ること。それを繰り返すこと。

11 **投資**　利益を見込んで、事業や不動産などに資金を投下すること。

13 **相違**　二つの物事が互いに異なること。差異。

教118ページ

2　**「時計の刻む時間が価値を生む世界」とは、具体的にはどういう意味か。**

答　時間が経済価値を生むという考えに基づき、時間が、経済価値を生む労働の時間と、経済価値を生まないその他の時間とに分けられる世界、という意味。

3 **付与**　授けること。

4 **余暇**　仕事やすべきことの合間の、自分が自由に使える時間。

4 **それ**　時計の刻む時間が価値を生む世界において、経済価値を生まない時間。

10 **時間は人間の存在から外化する**　人間が、自然の中に流れる伝統的な時間世界から切り離され、客観的な時間への対応を求められるようになることをさす。

「外化」＝「疎外」と同義。人間が作り出した事物や思想などが、逆に人間を支配するような力として現れること。

12 **突きつけられる**　勢いよく目の前に差し出される。迫られる。

14 **先進的**　文化・経済・技術などにおいて、他より発展の度合いが進んでいること。

対 **後進的**

15 **転換**　性質・傾向・方針などが今までとは違う方向へ変わること。

3　**「そこに自分たちの存在の形がない」とは、どういうことか。**

答 「時計の時間が価値を生む社会」には、季節の循環とともに生きる自分たちの暮らし方を見いだしようがないということ。

第三段落　教119ページ3行～121ページ11行

近代化とは、時間の合理性の確立であり、これは近代的な商品の生産過程の成立によって実現・徹底されたが、矛盾も発生した。一つは自然と時間の間の矛盾である。自然は本来、多様なスケールで循環する時間世界の中に生きているが、近代的な時間世界を貫くために自然を改造しようとして、自然の時間を破壊し、その存在自体を追い詰めた。もう一つは一次産業における矛盾である。一次産業は、自然の営みと人間の営みが重なり合うことで成り立つ産業であったが、商品生産の論理だけが貫かれると両者は対立し、自然の時間が成立できなくなった。

教119ページ

4 **基盤**　物事の大もと。土台。

4 **「合理的な時間世界」は、前に何と表現されていたか。**

答 「時計の刻む時間が価値を生む世界」(教118ページ1行)
「時計の時間が価値を生む社会」(教118ページ15行)

7 **等速性**　等しい速さで流れる性質。

8 **不可逆性**　逆戻りできない性質。
対 **可逆性**

8 **措定**　ある事象や事物を存在するものとして肯定すること。

8 **価値基準**　物事に対する判断を下すとき、また、自分にとっての価値を決めるときの目安となる基準。

9 **それ**　同ページ7行～8行で説明されている四つの要素による時間の合理性の確立。

12 **矛盾**　論理的に、二つの物事のつじつまが合わないこと。

14 **多様な循環スケール**　自然にはさまざまなものが循環していて、それぞれ異なる仕組みやきまりがあるということを表している。
「スケール」は、ものさしや尺度、規模などの意味。

5 **「彼らが作り出す時間存在の世界」とは対照的な時間のあり方は何か。**

答 近代的な商品の生産過程の成立において、統一的な価値基準を確立させた時間。
「彼ら」＝自然のことをさす。

教120ページ

1 **衰弱**　衰え、力をなくして弱ること。

6 **「二つの暴力」とは、どういうことか。**

答 近代的な時間世界は、時計の時間とともに価値が増大していくという時間基準に沿うように、一方的に自然を改造しようとして、自然の時間を破壊しているということ。

3 **部面**　物事をいくつかに分けたうちの一部分。

6 **不均等**　二つ以上のものの間に差が生じていること。
対 **均等**

6 **蛇行**　蛇がはうように、S字形に曲がりくねって進むこと。

7 **改修**　悪い部分を直すこと。

10 **同じ問題**　社会が近代化するにつれ、近代的な時間世界によって自然の時間が破壊され、自然の存在が追い詰められるという問題。
10 **一次産業** 農業・林業・水産業など、自然界に対してはたらきかけ、生活の基礎を支える生産を行う事業。第一次産業。
17 **介在** 間に挟まって存在すること。

教121ページ
3 **調和** 二つ以上の物事が、矛盾や衝突がなく、互いに釣り合っていること。
対 **不調和**
5 **重層的** いくつもの層になって重なっている様子。
7 **純化** ここでは、複雑なものを単純にすること、の意。混じり気をなくし、純粋なものにすること、という意味もある。

7 **「縦軸の時間」と対立するのは、どのような時間か。**

答 自然それ自体が作り出した時間や、その時間と調和していた伝統的な農山村の時間。

第四段落 教121ページ12行～122ページ8行

他者の存在を保障するには、その時間世界を壊さないことが必要である。自然の力に頼る一次産業では、商品の生産過程の合理性を確立しようとすればするほど自然の時間が壊され、自然の存在や生命力が低下し、産業そのものが行き詰まってしまう。この問題の解決には、私たちが循環する時間世界を再び作り出すか、循環する世界の中での存在の形を創造するしかない。

教121ページ
13 **自己の時間世界の中に他者を包み込もうとすれば** 自分たちの生きる世界に、異なる時間の流れに生きている他者を取り込もうとすれば。ここでは、人間が自然を思うように扱おうとすることを表している。
15 **遂げて** やり終えて。目的を果たして。
「遂げる」には、最後にそういう結果になる、という意味もある。
15 **この問題** 一次産業の中に時計の時間が導入されることで、人間の営みと自然の営みの不調和が増大し、自然の時間の成立が許されなくなるように、他者への支配が起こるという問題のこと。

教122ページ
2 **そうなればなるほど** 一次産業に商品の生産過程の持つ合理性を確立しようとすることで、自然の時間が壊されたり、自然の時間も商品生産の時間に支配されるようになったりすればするほど。
4 **壁に突き当たって** 障害により行き詰まって。
5 **破綻** 破れ綻びるように、物事がうまくいかなくなること。

手引き

学習の手引き

一 **一行空きで区切られた前半部と後半部の関係を説明してみよう。**

解答例 前半部では、上野村と隣村の農業を具体例として取り上げながら、伝統的な畑仕事における時間世界と近代的な農業経営における時間世界の違いを説明している。

後半部では、前半部の具体例を受けて一般化し、近代的な時間世界では時間の合理性が確立されたが、そのような時間のあり方が問題を抱えていることを指摘している。

二 前半部について、次のことを説明してみよう。

1 上野村とその隣村を話題とした導入部において、筆者が注目したことは何か。
2 筆者が考える上野村と隣村との違い（時間という観点で捉えた、農業および生活の違い）は何か。
3 右の1で捉えた着眼点に対して、筆者はどのように考えているか。

解答例 1 上野村の人たちが、自分たちのような伝統的な農業とは異なった、隣村の新しい農業に毎年同じように感嘆するのに、少しもまねしようとはしないこと。

2 上野村では、農業の時間は生活の時間と同じ流れの中にあり、ともに季節の循環の中に組み込まれているが、隣村では、農業の時間は経済価値を生む時間、それ以外の生活の時間は経済価値を生まない時間として、時計の時間によって区切られ、管理されているということ。

3 上野村の人たちが隣村の先進的で近代化された農業経営をまねしようとしないのは、隣村のような時計の時間が価値を生む社会への転換が、山村の暮らしや人々の意識のすべてを変えてしまうことや、そこでは自分たちの暮らし方を見いだせないことを知っているからであろうと考えている。

三 後半部について、次のことを説明してみよう。

1 近代化と時間の合理性との関係はどういうものか。
2 時間の合理性がもたらす「矛盾」とはどういうものか。
3 右の「矛盾」が一次産業で「自己矛盾」につながるのは、どういう因果関係によるのか。

考え方 1 「近代化とは時間の合理性を確立することだ」（一一九・3）とある。また、「時間の合理性の確立」の実現を最も徹底させたものは「近代的な商品の生産過程の成立であった」（一一九・10）とあることにも注目する。

2 時間の合理性の確立によって、「自然と時間の間の矛盾」（一一九・13）が発生したとある。時間の合理性は自然の生きている時間世界にはそぐわないにもかかわらず、自然に対してもこれを確立させようとして、自然を追い詰めているのである。

3 因果関係とは、一方が原因となり、その結果として他方が引き起こされるという関係。時間の合理性を追求して自然を壊してしまうと、自然に頼る一次産業では、産業自体が立ち行かなくなるという関係を押さえる。

解答例 1 近代化とはすなわち時間の合理性を確立することであり、近代的な商品の生産過程の成立によって、それが徹底された、というもの。

2 自然は多様なスケールで循環する時間世界に生きているのに、時間を統一的な価値基準のもとで流れ続けるものとする合理性を自然に対しても確立させようとして、自然の時間世界を壊し、自然の存在自体を危うくさせてしまうというもの。

3　自然の力に頼る一次産業に商品の生産過程の持つ合理性を確立しようとすると、自然の時間が壊され、自然の存在や自然の生命力が低下し、一次産業そのものが壁に突き当たってしまうという関係。

活動の手引き

一　本文の結びで示された提案と、『「生きもの」として生きる』で示された提案とを関連させて、「自然と私たちの生活」をテーマに、今後の社会に求められることを意見文にまとめて発表し合おう。

考え方　本文の結びで示された提案とは、「循環する時間世界を再び作り出す、あるいは循環する世界の中での存在の形を創造する」というもの。『「生きもの」として生きる』で示された提案とは、自分の「生きものとしての感覚」を活用する生き方をするというもの。「循環する時間世界」について考えるためには、自然について知ることが欠かせないだろう。農業体験、林業体験、漁業体験などの自然体験という形や、自然に関わる産業に従事する人の声をメディアを通して知るといった小さな形でもよいので、自然の中に流れる、合理的な時間世界とは別の時間について身近に感じてみるとよい。そうすることで自分の「生きもの」としての感覚も呼び覚まされ、想像力もさらに膨らんでくると考えられる。

言葉の手引き

一　次の同音異義語を漢字に改めよう。

1　人々からのショウサンを受ける。
　ショウサンのない戦い。

2　商品の生産カテイ。
　中学校のカテイを修了する。

3　国民の生活をホショウする。
　身元をホショウする。
　損害をホショウする。

解答　1　称賛(賞賛)・勝算　2　過程・課程
3　保障・保証・補償

二　次の語の意味を調べよう。

1　循環(一一七・8)　2　外化(一一八・11)
3　等速性(一一九・7)　4　不可逆性(一一九・8)
5　措定(一一九・8)　6　不均等(一二〇・6)
7　純化(一二一・7)

解答例　省略(「語句の解説」を参照)

三　「この村の人たちは偉いものだ。」(一一六・10)の「偉い」の意味を調べ、文脈に即した意味を説明してみよう。

考え方　「偉い」には、①人柄や行いが優れている、②身分や地位が高い、③程度がはなはだしい、などの意味がある。ここでは①の意味。

解答例　この村の人たちは、山の裾野を開墾して広大な農地を造成し、大型の機械を導入して、農業経営によって多くの収入を得ている点で普通よりも優れている、という意味。

フェアな競争

内田　樹

教科書P.125～134

●学習のねらい

筆者が自説を述べるための論の進め方を捉え、「社会的共通資本」と「フェアな競争」との関係を押さえる。

●要　旨

社会的共通資本の管理運営には、政治イデオロギーと市場経済は関与してはならないという「常識」が通らなくなってきている。社会にあるものはすべて「フェアな競争」によって争奪されるべきもので、力のある個人が私有して当然だと考える人たちが増えてきたからである。しかし、公共的な価値を顧みず、同時代の競争相手だけでなく、未来の人を含め競争に参加していない人やできない人たちからも利益の分け前を奪う「フェアな競争」は、長期的に見て集団の存続を土台から脅かすリスクを含む。共同体の未来の世代のことを考えない人たちを「リアリスト」と呼ぶのは同意できない。

●段　落

本文は、内容に従って、四つの段落に分けられる。

一　教P125・1～P127・2　社会的共通資本についての常識
二　教P127・3～P130・2　リバタリアンの唱える「フェアな競争」
三　教P130・3～P132・3　「フェアな競争」に潜むリスク
四　教P132・4～P133・4　共同体の未来を考える必要性

段落ごとの大意と語句の解説

第一段落　教125ページ1行～127ページ2行

社会的共通資本には、自然資源、社会的インフラ、制度資本の三つがある。これらは専門家の専門的知見に基づいて管理運営されなければならず、そこに政治イデオロギーと市場経済は関与してはならない。政権交代や株価変動に連動して変化してはならないためであり、制度論の常識である。

教125ページ

1 **立ちゆかない**　成り立っていかない。

1　三種類の「社会的共通資本」の共通点は何か。

答　専門家の専門的知見に基づいて管理運営されなければならず、政治イデオロギーと市場経済は関与してはならないという点。

教126ページ

8 **ライフライン**　都市生活の維持に必要不可欠なシステム。生命線。

5 **専門的知見**　専門家の見方による、より正しい認識や見解。

8 **関与**　ある物事に関わりを持つこと。

9 **駆動**（くどう） 駆り立てて動かすこと。
13 **政局**（せいきょく） 政治の動向や情勢。

教127ページ

2 **制度論**（せいどろん） 国や社会などを統治・運営するためのきまりに関する論。

第二段落 教127ページ3行～130ページ2行

社会的共通資本についての「常識」はもう通らない。社会にあるものはすべて「誰かの私物」であってよく、すべての資源は「フェアな競争」によって争奪されるべきもので、教育や医療、ライフラインも森や湖も、「力のある個人が私有して当然だ」と考えるリバタリアンという人たちが増えてきたからである。彼らは、自分たちの地位や名声や資産は個人的努力の成果だとし、その成果たる資源を貧者に再分配することを認めない。教育も、受けたければその代価は自分で払うべきで、それがフェアネスというものだと言う。しかし、「フェアな競争」は、長期的に見ると集団の存続を土台から脅かすリスクを含む。

教127ページ

7 **成員**（せいいん） 集団や共同体などを構成している人。
14 **争奪**（そうだつ） 互いに争って奪い合うこと。

教128ページ

1 **無償**（むしょう） 代価を払わなくてよいこと。
1 **虫**（むし）**のいい** 自分の都合だけを考えて他を顧みず、身勝手な様子。
3 **その「上前**（うわまえ）**」を公権力**（こうけんりょく）**がはねて** 個人的努力の成果である地位や名声や資産の一部を、公権力が自分のものとして。
「上前をはねる」＝他人の利益の一部を自分のものにする。

2 **「自己努力**（じこどりょく）**の成果**（せいか）**たる資源**（しげん）**」とは、何をさすか。**

答 自分の個人的努力によって手に入れた資産としての「社会的共通資本」。

6 **アンフェア** 公正でないこと。不公平なこと。
10 **発祥**（はっしょう） 物事が起こり現れること。
10 **歴史的必然**（れきしてきひつぜん） 歴史的に必ずそうなること。
13 **刻苦勉励**（こっくべんれい） 苦労して学問などに努め励むこと。
16 **受益者**（じゅえきしゃ） 直接の利益を受ける者。

教129ページ

3 **ここで言う「フェアネス」とは、どういうものか。**

答 価値あるものを手に入れるための代価は自分で払うべきで、無償で手に入れることはできないという考え。

7 **ロジック** 論理。論法。

4 **ここでの「有産階級**（ゆうさんかいきゅう）**」とは、どういう人々をさすか。**

答 自分たちが働いて稼いだ金で、自分の子供たちを学校に入れて教育を受けさせている人々。

8 **理路**（りろ） 物事の道理や筋道。

5 **「公教育**（こうきょういく）**」の目的は何か。**

答 子供たちに平等に教育機会を与えること。

13 **中産階級**　有産階級と無産階級の中間の層。自営農業者や中小商工業者、公務員などが該当する。ここでは、公立学校がなければ子供に教育を受けさせられなかった層を含め、大多数の層の人々をさす。

教130ページ

1 **整合的**　矛盾がなくぴったり合っている様子。

2 **リスク**　危険や損害を受ける可能性。

第三段落　教130ページ3行～132ページ3行

「フェアな競争」を続けると、公共的な価値を顧みなくなり、同時代の競争相手からだけでなく、未来の人を含め競争に参加していない人やできない人たちからも利益の分け前を奪ってしまう。これを制止するには、「私有化になじまない共通の資源」があり、競争の勝者だけでなく敗者や競争に参加しなかった者たちにも分配すべきだという「常識的」なルールへの社会的合意が必要である。

教130ページ

3 **アナウンス**　ここでは、広く告げ知らせることをさす。

5 **保全**　保護して安全であるようにすること。

8 **個人の可動域は狭く、寿命も高が知れています**　個人ができることには限度があるとすることで、その人以外の人間の存在や、その人が死んだ後の世界があることを示唆している。

「可動域」＝動かすことができる範囲。

「高が知れる」＝程度がわかる。大したことはない。

11 **後は野となれ山となれ**　当面のことが済めば、後はどうなってもかまわない。

16 **禍根**　災いが起こるもとや原因。

教131ページ

1 **コスト**　ある事柄のために必要とされる費用。

4 **軍配が上がります**　「軍配が上がる」は、勝ちになる、ということ。

4 **ツケ回し**　後で支払いをさせること。

6　「『フェアな競争』のピットフォール」とは、どういうものか。

答　現在の自分が勝つことだけを考えて、同時代の競争相手からだけでなく、未来の人を含め競争に参加していない人やできない人たちからも利益の分け前を奪ってしまうというもの。

8 **枯渇**　水や物が尽きてなくなること。

教132ページ

1 **線引き**　区分けすること。

7　「勝者の総取り」とは、どういうことを意味しているか。

答　勝者が利益を独占し、取り分の一部を、競争の敗者や競争に参加しなかった者たちのために割こうとしないこと。

第四段落　教132ページ4行～133ページ4行

社会的共通資本に関する「当たり前のこと」はロックやホッブズやルソーが三百年前に語っていたことであり、人類は三百年かけてほとんど進歩しなかったことになる。完全な格差社会は地球全域にわたって長期的に存立することはできない。共同体の未来の世代がどうなるかについて何も考えない人たちを「リアリスト」と呼ぶことに同意することはできない。

教132ページ
6基礎（きそ）づける　物事の基礎を固める。実現・定着を図る。

8　ここで言う「完全な格差社会（かんぜんなかくさしゃかい）」とは、どういうものか。

答　資源分配競争における取り分の差や、それによって生じる個人の地位や資産、教育の機会などの差をそのまま認める社会。

手引き

学習の手引き

一　逆接の接続詞に留意して本文を四つの段落に分け、段落相互の関係を押さえながら、論の展開のしかたを確認しよう。

解答例　段落分け…省略（「段落」を参照）

論の展開…第一段落で社会的共通資本についての「常識」について述べ、第二段落でその「常識」が通らない現状とその問題点をあげている。そして、第三段落でその危険性を説明し、これを制止するため社会的共通資本についての社会的合意が必要であることを述べ、第四段落でそれが未来の世代のためでもあることを述べている。

二　各段落において、筆者は事実や事例をあげながら説明をし、説明をした内容に対する自分の意見を述べるという論述の方法を採っている。各段落の内容と、それに対する筆者の意見とを簡潔にまとめよう。

解答例　第一段落　内容…社会的共通資本には、自然資源、社会的インフラ、制度資本の三つがある。これらは専門家の専門的知見に基づいて管理運営されなければならず、政治イデオロギーと市場経済は関与してはならないとされる。

筆者の意見…インフラや教育や医療などは、政権交代や株価変動に連動して変化するものであってはならないので、社会的共通資本の管理運営に政治と市場が関わってはならないことは常識である。

第二段落　内容…すべての資源は「フェアな競争」によって争奪されるべきもので、教育や医療なども力のある個人が私有して当然だと考えるリバタリアンという人たちがいる。地位や名声や資産は個人的努力の成果だとし、その成果として手に入れた社会的共通資本を再分配することを認めず、教育も代価は自分で払うべきだという。

筆者の意見…一見すると合理的だが、その言い分が通り、公教育が行われなかったら、社会に大きな貢献をした人材の多くを失って、現在のような進歩はなかったはずである。「フェアな競争」は長期的に見ると、集団の存続を土台から脅かすリスクを含んでいる。

第三段落　内容…「フェアな競争」を続けると、公共的な価値を顧みなくなり、同時代の競争相手からだけでなく、未来の人を含め競争に参加していない人やできない人たちからも利益の分け前を奪っ

10頭数（あたまかず）　人の数。必要な人数。

14競争原理（きょうそうげんり）　競争の根本的基本的な仕組み。

16洗（あら）いざらい　何から何まで残らず。すっかり。

教133ページ
2リアリスト　現実に即して物事を考える人。現実主義者。

2勘定（かんじょう）に入（い）れる　考えることや予想することの対象にする。

てしまう。

筆者の意見…「私有化になじまない共通の資源」があり、競争の勝者だけでなく敗者や競争に参加しなかった者たちにも分配すべきだという「常識的」なルールへの社会的合意が必要である。

第四段落　内容…社会的共通資本に関することは「当たり前のこと」で、ロックやホッブズやルソーが語っていたことである。人類は三百年をかけてほとんど進歩しなかったということだ。

筆者の意見…その時代に生きている人しか参加できない資源分配競争によって成り立つ格差社会は、地球全域にわたって、長期に存立することはできない。共同体の未来の世代がどうなるかについて何も考えない人たちを「リアリスト」と呼ぶことに同意はできない。

三　**筆者が述べる「フェアな競争」を推し進める社会と、そのような動きを抑制する社会とでは、人類の生存や共同体の存続においてどのように影響が異なるのか、筆者の意見に即して説明してみよう。**

解答例　「フェアな競争」を推し進めると、格差社会が進み、貧しい者は教育を受ける機会が得られなくなり、未来の共同体に貢献できる人材を失ってしまう。また、公害が進み環境悪化によって人類の生存や共同体の存続自体を揺るがすおそれがある。対して「フェアな競争」を抑制する社会では、社会的共通資本は人類共有のものとして長期的な持続が図られる。また、公平な教育の機会が与えられ、未来の共同体に貢献できる人材を育てられる。

四　**本文中で筆者が述べている事実説明や意見のうちのいずれかを取り上げ、それに対して賛否の両面から自分の考えをまとめて発表し合おう。**

解答例　「『フェアな競争』という言葉に、あまり簡単に頷(うなず)くべきではありません。」（二二九・16）という意見について。

賛成…「フェアな競争」を推し進めようとする人たちは、「フェア」という表現の持つ「正しい」というニュアンスを利用して、自分たちの行為を正当化しようとしているように思われる。筆者が言うように「共同体の未来」という観点から議論すべきである。

反対…努力の成果として適切な分配が受けられることは、励みにもなり、生産的な生き方につながると思われる。「フェアな競争」を認めつつ、社会的共通資本を守れるようルールを整備すべきである。

活動の手引き

一　**「ロックやホッブズやルソー」（二三二・5）と三者が併記されているが、彼らの事績を調べ、「近代市民社会を基礎づけるために語ったこと」と筆者が述べる内容との関わりについて、文章にまとめて発表し合おう。**

考え方　三者の考えや主張の要点は次のとおり。

ロック…食料や資源は増やすことができるので、万人は自由・平等・独立・平和の状態にあると考え、それらの自由や平等をより完全なものにするために、各個人は自身の持つ生命・自由・財産の権利を代表者に信託し、その代表者からなる議会がそれらの権利を保障する、間接民主制によって国家を運営すべきだと主張した。

ホッブズ…人間が生きていくために必要な食料や資源は有限なので、法や正義が存在しなければ、個人が互いの権利を主張し合うことで争いが生じると考え、そのような「闘争」を回避するために、国家

（君主）が社会の調停者の役割を果たし、各個人は自身の生命や財産に関わる権利を国家に譲渡・放棄すべきだとした。

ルソー…人間は元来闘争せず、自由・平等で、精神的にも経済的にも独立した存在だが、私有財産制による文明の発達がその状態を破壊するとし、個人は自由・平等に関する権利を共同体に譲渡し、共同体を個人が参加する直接民主制によって運営すべきだと主張した。

言葉の手引き

一　次のかたかなを漢字に改めよう。

1　ムショウでイリョウを受ける。
2　優勝旗をダッシュする。
3　四大文明のハッショウの地。
4　将来にカコンを残す。
5　経費をサクゲンする。
6　才能がコカツする。

解答　1　無償・医療　2　奪取　3　発祥　4　禍根
5　削減　6　枯渇

二　次の慣用表現の意味を調べ、それぞれを使って短文を作ろう。

1　虫の（が）いい（二二六・1）
2　上前をはねる（二二六・3）
3　高が知れる（二三〇・9）
4　後は野となれ山となれ（二三〇・11）
5　軍配が上がる（二三一・4）

解答例　意味…省略（「語句の解説」を参照）
短文…1　自分だけは損しないと考えるとは虫がいい話だ。
2　他人の上前をはねるようなずるいことはするな。
3　すごいと言っても素人のすることは高が知れている。
4　自分の分担の仕事を終えたので、後は野となれ山となれだ。
5　熱戦の末、初参加のチームに軍配が上がった。

三　本文の特徴について、次の点から受ける印象と、その効果を考えてみよう。

1　話し言葉に近い表現が使われている点。
2　外来語（カタカナ語）が多く使われている点。
3　極端な事例があげられている点。

考え方　1　「この空気はオレのものだから他の人間は吸うな」（二二五・5）、「この河の水は全部オレのものだからオレ以外の人間は飲むな」（二二五・5）など、「　」のついた主張部分に多く使われている。
2　「社会的インフラ」（二二五・8）、「ライフライン」（二二五・8）、「クールかつリアル」（二二六・5）など。
3　「『オレの気に入らないから、おまえは死刑』というようなこと」（二二六・3）、「自分以外の人間がどうなっても構わない、……ということ」（二三〇・10）など。

解答例　1　身近でわかりやすい印象を与える効果がある。
2　現代的な言い方で軽快な印象を与えるとともに、外来語や専門用語などの意味を本来の意味に近い形で伝える効果がある。
3　説明の内容をわかりやすくし、より軽い事例については当然当てはまることを示唆する効果がある。

現代と社会

グローバリズムの「遠近感」

上田紀行（うえだのりゆき）

教科書P.136～142

学習のねらい

「遠近感」の二重の意味を文脈から把握し、グローバル社会における問題を多様な視点から考える。

要旨

二〇〇一年九月一一日にニューヨークの世界貿易センタービルを襲ったテロ事件は、アメリカにとって世界の「遠近感」を強烈に感じさせる出来事だった。アメリカを中心にグローバル化した経済システムにより世界は「遠近感」を失い、世界の各地が「交換可能」になったが、9・11は、こうした「遠近感」なき経済システムと、その中で生きている私たちの「遠近感」のある現実との対立の構図をえぐり出した。

段落

本文は、「遠近感」についての考察とまとめという要素によって、三つの段落に分けられる。

一　教P136・1～P138・6　9・11でアメリカが直面した「遠近感」
二　教P138・7～P139・16　グローバル化による「遠近感」の喪失
三　教P139・17～P141・9　「遠近感」の有無が対立する世界

段落ごとの大意と語句の解説

第一段落　教136ページ1行～138ページ6行

二〇〇一年九月一一日にニューヨークの世界貿易センタービルを襲ったテロ事件は、アメリカにとっては、「遠近感」を喪失した世界の中で、「遠近感」に直面させられる出来事だった。この「遠近感」は、アメリカ国家の問題であるとともに、アメリカが主導するグローバリズムの問題でもある。なぜなら「遠近感」の喪失はグローバリズムの本質でもあるからだ。

教136ページ

3 **それ**　二〇〇一年九月一一日にニューヨークの世界貿易センタービルを襲ったテロ事件と、その後のアフガン、イラク戦争。

3 **「遠近感（えんきんかん）」を喪失（そうしつ）した世界（せかい）**　「遠近感」は、遠く感じるか、近く感じるかの感覚。ここでは、物事を自分とは関係のない他人事と捉えるか、自分自身の問題として当事者意識を持って捉えるかという態度のうち、後者をさして使われている。戦争における「遠近感」は、被害を自分の身に寄せて捉え、悲しみや喪失感、苦痛を感じることをいい、アメリカでこのような感覚が希薄になっていたことを「遠近感」の「喪失」としている。また、後の本文で「グローバリズム」と関連して述べられているように、「遠近感」には、世界各地を固有の風土・文化を持つものとみなす態度も含まれ、投資対象として各地が等価な「交換可能」なものとなり、こうした意識がなくなっていることも「遠近感」の「喪失」としている。

3 **「遠近感」に直面させられる出来事**　ニューヨークの世界貿易センタービルを襲ったテロ事件は、アメリカの人々にとって戦争を自分自身に関係のあることとして実感させる出来事であり、また、このビルがグローバル経済システムの中心と考えられていたことから、投資対象として固有性を失っていた世界各地の存在を思い起こさせる出来事だったということ。

7 **空爆**　「空中爆撃」の略。飛行機から爆弾を落として攻撃すること。

8 **「遠近感」が喪失された情報として接していた**　自分とは直接関係のないただの情報として見聞きしていた、ということ。

11 **灰燼と帰す**　建物などが跡形もなく焼ける。

教137ページ

1　**「遠い土地を攻撃しているとき」とは、前のどの具体例と同じ状況か。**

答　湾岸戦争。NATO軍のコソボ空爆。

8 **一掃**　すっかり取り除くこと。一度ですべて取り払うこと。

2　**「その土地への『愛着』が実存を支えている」とは、どういうことか。**

答　人は自分が過ごした土地への思いを少なからず持っていて、その思いとともに存在しているのであり、その土地の思い出も含めてその人であるということ。

「愛着」＝心がひかれて、大切にしたいと思うこと。その思い。

「実存」＝現実的に、時間・空間内に存在していること。

17 **そのアメリカ**　本土を他国に攻撃されたことがなく、自国から遠く離れたところや外部で行われた戦争しか経験していないため、敵国の土地を破壊しながら、そこに生きる人々の喪失感や苦痛を自らのこととして想像できなかったアメリカ。

教138ページ

3　**「世界の『遠近感』を強烈に感じさせる出来事」とは、どういうことか。**

答　自国の商業や文化の中心である都市が衝撃的な形で攻撃されたことで、世界の中の対立勢力や戦争を、自分の身に直接関係のあることとして、悲しみや喪失感、苦痛を伴って実感させる出来事だったということ。また、世界各地の存在を思い起こさせる出来事だったということ。

4 **主導する**　中心的な存在として他を導く。

第二段落　教138ページ7行～139ページ16行

資本主義はモノの資本主義からカネと情報が流通する資本主義へと変化した。世界中を情報とカネが瞬時に自由に動いていくのがグローバル経済である。それは「遠近感」のないシステムである。このシステムに参入している限り、世界中のどの場所も等価なものとなる。

教138ページ

8**それ**　地球の裏側から運んできてこちら側で売るモノ。

12**投資**　利益を見込んで資金を投下すること。

13**金融の自由化**　「金融」とは、貸し手(預金者)と借り手(借金者)の間で資金を融通することである。かつては、業務分野(銀行・保険・証券など)における規制や、国家間の規制などがあったが、そのような規制が緩和され、金利や業務・制度が自由化された。

16**存亡**　存続か滅亡かということ。

17**市場**　ここでは、金融市場のこと。

教139ページ

1**マウスのクリックだけで**　パソコンのマウスを操作するだけで。

3**日本市場**　ここでは、経済活動が行われる場としての日本、の意。

3**閉鎖的**　内にこもって外部のものを受け入れない様子。
対　**開放的**

3**システム**　ここでは、制度、体制、の意。

4**障壁**　仕切るために設けられた壁。ここでは、妨げるもの、の意。

4**解除**　ここでは、「障壁」が取り払われることをさす。

6**そうしたグローバル化された経済**　世界中を情報とカネが瞬時に自由に動いていく経済。

4　**「世界中のどの場所も等価なものとな」り、「『交換可能』にな」るとは、どういうことか。**

答　グローバル経済システムにおいては、世界中のどの場所も、固有の価値を持つかどうかではなく、投資先として儲かるか否かだけで価値判断され、より儲かるほうへとクリック一つで自由に移動することが可能になるということ。

第三段落　教139ページ17行〜141ページ9行

グローバル経済においては、世界各地が「交換可能」になった。アメリカは金融自由化とIT革命により、巨額の富を得た。ニューヨークの世界貿易センタービルは、「遠近感」なき、「交換可能」なこのグローバル経済の象徴であった。しかし、そのビルが攻撃されて、ビル自体もそこに働く人々も「遠近感」の中にあり、「交換不可能」なものであったということが明らかになった。「遠近感」なき経済システムと「遠近感」の中にある私たちの「生きられた場」の間には対立があるということを、あのテロ事件はえぐり出したのである。

教139ページ

17**これ**　グローバル経済システムの中で、「遠近感」を失い、世界中のどの場所も等価なものになること。

教140ページ

5**裏打ち**　他の面から補強して確実なものにすること。裏付け。ここでは、IT革命が経済のグローバル化をテクノロジーの面からより確実なものにした、ということ。

7**先んじていた**　先を進んでいた。

9**象徴**　形のないものを具体的に表したもの。ここでは、グローバル経済システムという抽象的なものを最も体現していたものが、ニューヨークの世界貿易センタービルであった、ということ。

12 そこに働く人々の存在は、……ものであった　世界貿易センタービルは、アメリカの人々にとって記憶の中にある風景として自己のアイデンティティの一部を形作っていたものであり、そこに働く人々は、直接の関係を持つ人でなくとも、大切な風景にリアリティを持たせている、かけがえのない存在であったということ。

5　**「『遠近感』の中にあ」るとは、どういう意味か。**

答　自分にとって大切な、かけがえのない存在としてあるという意味。

17 瓦礫　砕けた瓦と小石。壊れた建造物の残骸。

教141ページ

2 かけがえのない　このうえなく大切な。他のものでかえられない。

5 茫然自失する　我を忘れてぼうっとしてしまう。

6 思いにとらわれる　ある思いが頭から離れなくなる。

7 生きられた場　私たち一人一人が生きている具体的な時間や空間。そこで出会った風景や人々は、その人を形作ってきたかけがえのないものであり、それらが破壊されたり失われたりすることには痛みが伴う。

8 えぐり出した　ここでは、隠れて見えていなかったことを明らかにした、という意。

「えぐり出す」＝もともとは、くりぬいて取り出す、の意。

6　**「こうした世界の構図」とは、どういうものか。**

答　世界各地を等価な「交換可能」なものとしてゆく、「遠近感」なきグローバル経済システムと、私たち一人一人が生きている具体的で「交換不可能」な、「遠近感」の中にある「生きられた場」、という対立の構図。

手引き

学習の手引き

一　**冒頭の形式段落の、本文全体における位置づけを押さえ、ここで述べられている「大きな出来事」について、具体的意味合いと象徴的意味合いの二点に分けて整理しよう。**

解答例　冒頭の形式段落は、グローバル社会を先導するアメリカで起こった「ニューヨークの世界貿易センタービルを襲った、衝撃的なテロ事件」を、「遠近感」という本文のキーワードとともに提示することで、本文全体への導入部となっている。

「大きな出来事」には、ニューヨーク、マンハッタンのシンボルツインタワーであった世界貿易センタービルが、ハイジャックされた二機の飛行機の激突によって崩落し、極めて多数の犠牲者が出たという具体的意味合いと、自国が関わる戦争をしていても、国民の多くがそれらの戦争を自分とは無関係な遠い土地の出来事として捉えることが日常となっていたなかで起こった、自分に直接関係のある、悲しみや苦痛を伴う出来事であったことから、それまで喪失していた「遠近感」に直面させられたという象徴的意味合いがある。

二

冒頭以下の文章を、「遠近感」についての考察とまとめという要素で三つの段落に分けた場合、どこで区切るのが適当か、指摘してみよう。

解答　省略（「段落」を参照）

三

「『遠近感』をめぐる問題は、実は二重の意味が重なり合っている。」（一三八・3）とあるが、筆者はどのような事例をあげて、どのような考察を行っているか、「二重の意味」のそれぞれについて説明してみよう。

解答例　一つ目は「アメリカという国家の問題」で、「湾岸戦争」や「NATO（ナトー）軍のコソボ空爆」、「ベトナム」戦争などの事例をあげ、遠い土地での戦争に対して、現地の人々の痛みを感じることができず、「遠近感」を失っていたとしている。二つ目は「アメリカが主導するグローバリズムの問題」で、「タイのバブル経済とその崩壊」などを引き起こした、「世界中を情報とカネが瞬時に自由に動いていく」という「グローバル経済」の事例をあげ、世界中のどの場所も等価なものとなる、「遠近感」のないシステムであるとしている。

四

右の考察から筆者が導き出した考えを整理しよう。

解答例　世界がグローバル経済システムに参加している限り、「遠近感」を失い、世界中どの場所も等価なものとなり、世界の各地が「交換可能」なものになる。このグローバル経済を主導してきたのがアメリカであり、そのシステムの象徴としてあったのが、ニューヨークの世界貿易センタービルである。しかし、そこで働く人々は「遠近感」の中にある「交換不可能」な人々であるように、「遠近感」なき経済システムと「遠近感」の中にある私たちの生きられた場の間には、対立が存在している。

五

「遠近感の有無」と「交換可能性」の二つをキーワードとして、筆者の考えに対してどのように評価するか、各自が考えたことを自由に話し合おう。

考え方　「遠近感の有無」については、筆者はまず、「遠近感」があることを、自分の身に近いこと、当事者性があること、「遠近感」がないことを、自分の身とは無関係であること、当事者性がないこと、という意味でそれぞれ使っている。また、「交換可能性」については、世界の各地が等価になっていることを、「遠近感」を失い、「交換可能」になったと表現している。筆者は、現代の日常世界が「遠近感」がない世界、「交換可能」な世界へと向かっているとして、グローバル経済を問題として取り上げているが、この筆者の考えに対して賛同できる点や、疑問に思う点をあげるとよい。また、教143ページの「一人一人がかけがえのない個人として扱われ、幸福な生活を望むことができる社会」とはどのようなものかや、本文で「グローバル経済システムの象徴」として示されている世界貿易センタービルが攻撃されたのはなぜだったのかということに議論を広げてもよいだろう。

活動の手引き

一

筆者が提示する「『遠近感』をめぐる問題」は、実際の自分たちの生活においてどのようなところに現れているか。具体的な事例をあげながら文章にまとめて、発表し合おう。

考え方　経済的な面では、例えば、日本中に同じチェーン店が展開され、どこでも均一のレベルのサービスを受けられることがあるが、画一化され、どこの店でもかまわないという意味では「遠近感」が失われていると言える。また、インターネット上では、バーチャルな世界が展開され、日々のニュースでさえも、重要な事件から些末なものまで一様に均質化されることで、「遠近感」が極めて薄いものとなっている。日常のあらゆる面でＩＴ化が進むが、現実感まで失ってしまわないよう、グローバルなレベルでの検討が必要だろう。

言葉の手引き

一　次の□に共通して入る漢字を答えよう。

1　衝□・攻□・目□
2　一□・□間・□時
3　破□・崩□・倒□
4　実□・□亡・□在

解答例　1　撃　2　瞬　3　壊　4　存

二　次の語句の意味を調べ、それぞれを使って短文を作ろう。

1　灰燼と帰す（灰燼に帰する）（二三六・11）
2　裏打ち（二四〇・5）
3　茫然自失（二四一・5）
4　えぐり出す（二四一・8）

解答例　意味…省略（「語句の解説」を参照）
短文…1　失火により貴重な文化財が灰燼と帰した。
2　新薬の安全性が大規模な治験データに裏打ちされる。
3　重要なデータを誤って消してしまい、茫然自失する。
4　練習試合では、両校の実力の差をえぐり出す結果となった。

三　「自国から遠く離れたところでの戦争であった。」（二三六・5）は、同じ段落で次のように二回言い換えられている。それぞれの表現でどのような違いがあるか、説明してみよう。

1　テレビの前で遠い地の出来事として見ていた。
2　メディアから流れる、「遠近感」が喪失された情報として接していた。

考え方　それまでの「アメリカにとっての戦争」では、アメリカ本土は攻撃されておらず、その戦争への当事者意識が薄かったことを表した表現である。1・2とも「テレビ」「メディア」という媒体を通してのものとなっている点や、「戦争」が「出来事」に、そして「情報」にと言い換えられることで、緊迫感が薄れていっている点を捉える。さらに2では「遠く」「遠い」という感覚すら失われていることにも注目する。

解答例　1　「戦争」がテレビを通して知る「出来事」に言い換えられていることで、今起きている現実だということが実感しにくくなり、現地の人々の喪失感や苦痛を想像しづらくなっている。
2　「戦争」がメディアを通した「情報」に言い換えられていることで、単なる知識となって緊迫感が薄れ、戦地が「遠い」場所であるという感覚すらなくなっていることで、自分とは無関係なものとして当事者意識も持ちにくくなっている。

ロビンソン的人間と自然

村岡晋一（むらおか しんいち）

教科書P.144～150

●学習のねらい

「ロビンソン・クルーソー」を例として取り上げた筆者の意図を理解したうえで、主張を把握する。

●要旨

今日、自然と文化の関係のあり方の問い直しが求められている。人間による生態系の破壊の発端と考えられる、近代ヨーロッパでの資本主義という経済体制における人間の行動様式の特徴が、小説『ロビンソン・クルーソー』に見て取れる。資材を合理的に配分し、合理的に時間を計算して労働し、財産を増やそうとするロビンソンのような人間が資本主義には不可欠で、必要最小限の労働だけしようとする人間には向かない。しかし、資本主義体制から離れれば、どちらの生活観が「合理的」かは決められず、何を重視するかはそれぞれである。自然と文化の関係を問い直すには、近代ヨーロッパ的人間の生活形態だけでなく、さまざまな生活形態にも目を配り、真に必要な、生きるに値する人間的生活を検討すべきである。

●段落

本文は、内容に従って、五つの段落に分けられる。

一　教P144・1～P145・2　自然と文化の関係を問い直すために
二　教P145・3～P146・12　ロビンソン型の行動様式
三　教P146・13～P147・14　資本主義に不可欠な人間
四　教P147・15～P148・8　さまざまな生活観
五　教P148・9～P149・6　求められる人間的生活とは

段落ごとの大意と語句の解説

第一段落　教144ページ1行～145ページ2行

今日、「人間における自然と文化」の関係のありようを問い直すことが要求されている。急激な経済発展と人口増加に伴う大規模な「生態系」の破壊が開始された時期は、資本主義という経済体制が登場した時期と重なる。この経済体制の前提となっている人間の自然に対する態度の特徴を明らかにするために、『ロビンソン・クルーソー』という小説が役に立つ。

教144ページ

4 **起源**（きげん）　物事の起こり。始まり。
8 **前提**（ぜんてい）**されている**　条件としてあるべきものとされている。

1　『ロビンソン・クルーソー』を取り上げたねらいは何か。

答　この小説に描かれている、イギリスで生まれつつあった資本主義という経済体制の担い手である中産階級の人々の特徴的な行動様式を捉えることで、この経済体制の前提となる人間の自然に対する態度の特徴を明らかにすること。

11 中産階級（ちゅうさんかいきゅう） ここでは、資本主義の担い手である労働者全体をさす。

教145ページ

1 単純化（たんじゅんか） 込み入ったものを簡単にすること。

第二段落 教145ページ3行～146ページ12行

ロビンソン・クルーソーは、難破した船に残された小麦と、島で捕らえた山羊（やぎ）を元手に、「明日の自分の生活が計算できる」ようにしようと考えた。将来の生活の必要を予想して、自分に残された資材を合理的に配分し、正確な暦と日時計を作り、合理的に時間を計算して労働することで、自分の持てるものを殖やそうとした。そうしたことに価値を見いだす人間だった。

教145ページ

3 難破（なんぱ） 暴風雨などで船が破損・座礁・沈没などをすること。

4 漂着（ひょうちゃく） ただよい流れて岸に着くこと。

5 資材（しざい） 物を作るための材料。

2 「小麦（こむぎ）」と「山羊（やぎ）」は、「資本主義（しほんしゅぎ）という経済体制（けいざいたいせい）」における何に相当するか。

答 資本家が経済活動をするためのもととなる資本。

9 すぐこの考えを改めて（かんが／あらた） ロビンソンが目の前の享楽よりも、明日の保証を選択したことを意味している。

教146ページ

3 「正確（せいかく）な暦（こよみ）と日時計（ひどけい）を作（つく）り、合理的（ごうりてき）に時間（じかん）を計算（けいさん）してい」く目的は何か。

答 合理的な計算のもとに労働して、無駄なく効率的に余剰を生み出し、自分の持てるものを殖やすため。

8 損益計算（そんえきけいさん） 収益と費用を計算すること。

10 余剰（よじょう） 必要な分を差し引いた残り。

第三段落 教146ページ13行～147ページ14行

資本主義には、ロビンソンのような「働き人間」が不可欠である。同じ時間で二倍の報酬を約束し生産量を二倍にするよう要求すれば、ロビンソン型の人間は不合理と思わず、労働への関心を高めるが、伝統的な考え方をする労働者は、これまでと同じ報酬を得てこれまでと同じ必要を満たすには、どれだけの労働をすれば足りるかと考えるので、資本主義には適さない。

教146ページ

4 「働き人間（はたらきにんげん）」と言い換えた意図は何か。

答 ロビンソンが享楽よりも財産を増やすことを目的に働くタイプの人間であることを強調するため。

15 不可欠（ふかけつ） なくてはならないこと。欠かせないもの。

教147ページ

5 「ロビンソン・クルーソーの遠（とお）い子孫（しそん）である私（わたし）たちであれば」という表現をした意図は何か。

答 現代に生きる「私たち」を、報酬のために労働への意欲を高めるロビンソン型の人間として位置づけるため。

7 **伝統的な考え方をする労働者**　できるだけ多くの労働をして多くの報酬を得ようとするのではなく、同じ報酬を得られるなら、なるべく働かず、必要最小限の労働だけしようとする人々のこと。

6　**「こうした点」のさす内容は何か。**

答　中東やアフリカの労働者が、必要最小限の労働だけしようと考えるタイプの人々だった点。

第四段落　教147ページ15行～148ページ8行

資本主義的経済体制の外では、明日の必要のために多くの労働を義務とする生活観と、必要に応じて働き、後の時間は生活を楽しむという生活観のどちらが「合理的」かは、すぐには決められない。中には、気前の良さに最も高い評価を置き、すべてを蕩尽しつくすまで贈答合戦を行う民族もある。

教147ページ

16 **過労死**　長時間労働などによる過労で急死すること。

教148ページ

3 **対極**　対立する極。反対側の最も遠い地点。

7　**「『ポトラッチ』という風習」のどういう点が、「ロビンソン的生活観の対極に位置する」のか。**

答　財産を増やすことを義務と考えるロビンソン的生活観に対して、気前の良さに最も高い評価を置いて、より高価なものを相手に贈ろうとする点。

「風習」＝その土地や国に伝わる生活や行事などの習わし。

6 **蕩尽**　財産などを使い果たすこと。

7 **贈答合戦**　双方が戦い合うように贈り物と返礼を繰り返すこと。

8 **面前**　目の前。見ている前。

第五段落　教148ページ9行～149ページ6行

全地球規模での自然破壊を引き起こしたロビンソン的人間は、自分も自然の中に生きる一員だということを忘れ、自然に過重な負担をかけてしまったと言える。自然と文化の関係を問い直すには、近代ヨーロッパ的人間の生活形態だけでなく、さまざまな生活形態にも目を配り、人間にとって真に必要なものは何か、真に生きるに値する人間的な生活とはいかなる生活かを検討すべきである。

教148ページ

10 **ヨーロッパという限られた地域**　「全地球規模での自然破壊」と対比することで、その原因となる人間の行動様式が、ごく一部の限られたものにすぎないということを印象づけている。

16 **過重な負担**　人間が自然に対してかけている負担が許容量を超えていることを示している。

教149ページ

8　**「近代ヨーロッパ的人間の生活形態」とは、どういうものか。**

答　自然を自らの合理的な計算と設計によって管理し支配しようとすることで、自分も自然の中に生きる一員であることを忘れてほかの生物や環境との協調関係を乱しただけでなく、ひたすらな財の増殖を義務と見なしてそれにのみ価値を置くことで、自然に対して過重な負担をかけたというもの。

4 **人間のさまざまな生活形態にも目を配り**　時間的、空間的に広い視野を持つべきことを述べている。

5 **素朴**　考え方が単純である様子。

6 **可能な選択肢を提供してやる**　「人間にとって真に必要なものとは何か、真に生きるに値する人間的な生活とはいかなる生活か」という問題の答えに「近代ヨーロッパ的人間の生活形態」だけではない可能な選択肢を示す、ということ。

手引き

学習の手引き

一　本文の構成を、序論・本論・結論の三段落に分け、さらに本論部分を三つのまとまりに分けよう。

解答例　省略（「段落」を参照）

二　序論部分に書かれている、この文章の目的を簡潔にまとめよう。

解答例　「人間における自然と文化」の関係のありようをもう一度問い直すこと。

三　本論部分の内容を、次の項目に沿って整理してみよう。

1　『ロビンソン・クルーソー』に見られる資本主義の特徴は何か。

2　1であげられた特徴にどのような問題点があるのか。

3　2であげられた問題点に対して、筆者はどのように考えているか。

解答例　1　将来の生活を合理的に設計し、資材を合理的に配分して、合理的な時間計算のもとに労働することで、利益を生み出し、財産を増やそうとするというもの。

2　ロビンソンのように、できるだけ多くの労働をして多くの報酬を得ようとする人間が不可欠であり、同じ報酬であればなるべく働かないようにすることを考える人間には適用できないという問題点。

3　資本主義的経済体制から離れれば、明日の必要のために過酷な労働をいとわない生活観と、必要に応じて働き、後の時間を楽しもうとする生活観は、どちらが「合理的」かすぐには決められない。

四　結論部分で述べられている内容の要旨を、序論で示されたこの文章の目的に沿ってまとめよう。

解答例　「人間における自然と文化」の関係のありようを問い直すには、自然を自らの合理的な計算と設計によって管理し支配しようとする近代ヨーロッパ的人間の生活形態だけでなく、ほかの地域の、あるいは歴史上営まれたさまざまな生活形態にも目を配り、人間に真に必要な、真に生きるに値する人間的生活を検討すべきである。

活動の手引き

一　筆者が述べる二種の「生活観」についての「合理的」判断を各自で行い、考えを文章にまとめて発表し合おう。

考え方　多くの労働をして多くの報酬を得ようとするロビンソン型の生活観は、蓄えを増やして生活を安定させることができるが、多くの時間を労働に費やすことになる。対して、必要に応じて働き、後の時間は生活を楽しむような生活観は、趣味やレジャーなどを楽しめる自由な時間が増えるが、生活が不安定になるリスクがある。現実的にはどちらか一方を選択するというよりも、いろいろな生き方を考え、工夫することで、バランスを取りながら生活していくことが可能であろう。

二 **「正確な暦と日時計を作り、合理的に時間を計算していきます。」(二六・6)というあり方を、『不均等な時間』と比較し、「経済価値」という観点から時間を捉えた場合の両者の共通点を説明してみよう。**

考え方 ロビンソンが作り出した「合理的」な労働時間は、『不均等な時間』の「経済価値を生む時間」、つまり、「近代社会が作り出した時間世界」と重なっている。ロビンソン的人間が、自分も自然の中に生きる一員であることを忘れ、自然破壊を引き起こしているように、「近代社会が作り出した時間世界」は「自然の時間」を破壊し、「自然の生命力」を低下させている点に着目しよう。

言葉の手引き

一 **次のかたかなを、傍線部の字の違いに注意して、漢字で書き分けよう。**

1 生態系をハカイする。
カイコ趣味に浸る。

2 小麦をシュウカクする。
山羊をホカクする。

3 ヨジョウ在庫を抱える。
ソウジョウ効果。

4 仕事のホウシュウを受け取る。
シュウアクな姿をさらす。

5 財産をカンリする。
ケイサツカンになる。

解答 1 破壊・懐古 2 収穫・捕獲 3 余剰・相乗 4 報酬・醜悪 5 管理・警察官

二 **次の語句の意味を調べ、それぞれを使って短文を作ろう。**

1 担い手(一四四・11)
2 取って返す(一四五・4)
3 常套手段(一四七・1)
4 けた外れ(一四七・1)
5 手持ち(一四八・7)

解答例 1 意味…中心になって物事を支え、推し進める人。
短文…新しい文化の担い手として期待される。

2 意味…途中でもとの場所に引き返すこと。
短文…登校の途中で忘れ物に気づき、自宅に取って返す。

3 意味…いつもきまって使う手段のこと。
短文…質問に質問で返し答えをはぐらかすのは彼の常套手段だ。

4 意味…程度や規模が他と大きく違っていること。
短文…この公園はけた外れの広さだ。

5 意味…現在持っていること。
短文…手持ちのお金から寄付をする。

論理分析

主張と根拠

デザインの本意

原　研哉

教科書P.152〜155

語句の解説

教152ページ

1 **スタイリング**　効果的なスタイルを形にすること。

2 **物を介して暮らしや環境の本質を考える生活の思想**　筆者がデザインについて本文で述べようとしていること。

3 **作ると同様に、気づくということ**　直前の「生み出すだけの思想」と「物を介して暮らしや環境の本質を考える生活の思想」を受けた表現。

4 **床材のユニット**　住宅の床部分を構成するまとまった資材。

6 **膨大な知恵の堆積**　身の回りにあるデザインの一つ一つに人間の知恵が生かされていることをさしている。

7 **覚醒**　目覚めること。今まで気づいていなかったことに気づくこと。

7 **醍醐味**　物事における真のおもしろさ。

8 **糸口**　きっかけ。手がかり。

8 **世界は新鮮に見えてくる**　「暮らしや環境の本質」に「気づく」ことによって生じる結果。

9 **有機的**　多くの部分が互いに関連し合いながら結びつき、全体を作っている様子。

教153ページ

1 **自然の中には四角はほとんどない**　四角が人工的なデザインであることを強調している。

1 **数理**　数学上の理論。

3 **造化の妙**　ここでは、自然の中にはほとんどない四角が、立方体の鉱物の結晶として現れることを、このように表現している。

「造化」＝造物主（神）によって生み出されたもの。

7 **最適性能**　英語の optimum performance の訳語。ここでは「四角」が人間にとって最も優れた形であるということ。

7 **幾何学原理**　図形や空間の性質に関わる根本的法則。

8 **フォルム**　形。形式。フォーム。

12 **正円を探り当てていたかもしれない**　「二本の手が」という主部を受けて、無意識性や偶然性を強調した表現。

13 **立脚**　立場やよりどころを定めること。

14 **触発**　何かをきっかけに、感情や行動を引き起こすこと。

17 **精度**　正確さの度合い。

18 **わけが違う**　「精度の高い球体を作る技術」のレベルがはるかに

高いものであることを述べている。

教154ページ

1スポーツ人類学　民俗学、民族学、文化人類学などの成果をふまえ、スポーツを文化要素として考える学問。

3球技をすることで再確認してきた　球技を通し、「自然の秩序や法則」を球体の運動をコントロールすることで確認してきた、ということ。

4リアクション　反応。反動。

5それを生み出す技術精度が向上するにしたがって、球技の技能も高度化してきた　「近代科学の発達と球技の発達は並行して進んできた」（同ページ1行）という内容を説明している。

7よくできたデザインは精度のいいボールのようなもの　「精度のいいボール」が「球技の技能」を高度化させてきたという内容を受けて、「優れたデザインは人の行為の普遍性を表象している」という内容へとつないでいる。

10熟成　成熟して十分にできあがること。

11精巧　細工や仕組みが細かく、よくできていること。

11暮らしを啓発する、物の形の探求である　「人の行為の本質に寄り添」おうとすることをさしている。
「啓発」＝気づかないところを教え示して、より高い理解や認識に至らせること。

13鍾乳洞　石灰岩が雨水や地下水によって溶けてできる洞窟。

14研磨　金属やガラス、石材などの表面をといでみがくこと。

14人の用が暮らしの道具に形の必然をもたらす　「優れたデザインは人の行為の普遍性を表象している」（同ページ8行）と同義の内容である。

15技術革命　技術が別の新しい技術に置き換えられること。その急速な適用と普及によって社会の変化が促される。

18勃興　急に勢力を増して盛んになること。

活動の手引き

一　**「　」に、本文中の適切な語句を入れよう。**

解答例　【第一段落】●作る・気づく
【第二段落】●直線・直角・直線・直角　●回転　●回転
【第三段落】●球技　●球技

二　**第一段落から第三段落までにおいて示された、人と暮らしと環境との関係性をふまえて、第四段落の要旨を百字以内でまとめよう。**

考え方　第一段落から第三段落の内容が、「暮らしの営みの反復が形を育む」、「人の用が暮らしの道具に形の必然をもたらす」という部分に反映されているので、この部分を前半でまとめ、後半で「デザイン」についての筆者の考えをまとめる。

解答例　暮らしの営みの反復が形を育み、人の用が道具に形の必然をもたらすが、速度と変化を伴う技術革命の中、理性と合理性を携えて未来環境を計画する意志が必要で、志を持って形を作り環境をなすデザインが豊かさを作る。

主張と反論

「動機の語彙論」という視点

鈴木智之

教科書P.156〜160

語句の解説

教156ページ

1 **社会現象**　人間の社会生活や社会関係から生じる、人為的な物事。

1 **行為の動機**　行為を引き起こした主観的な意図や、それを形成した内面的な心理過程をさす。

2 **機械的**　型どおりに一定の方式で処理する様子。

3 **介して**　仲立ちとして。

4 **行為主体の主観的意味世界**　ある行為を呼び起こし、ある方向へと導いた動機が、外部からうかがうことのできない行為者の心の中に存在するという考え方に基づく。

5 **常識的**　世間一般に考えられている様子。

6 **先立って**　ある物事より前に。

7 **心理過程**　時間的に順序立てた心の動き。

8 **事後的に**　物事が起こったあとで。

10 **発覚**　隠されていた不正や悪事・陰謀などが明るみに出ること。

12 **想起**　以前にあったことを思い起こすこと。

教157ページ

2 **不都合**　何かをするときに都合や具合が悪いこと。また、他の物事に影響を及ぼすような要素があること。

3 **言語化**　思想や感情、意思などを言葉として表すこと。

6 **反復的**　同じことが繰り返される様子。

7 **反射的**　外からの刺激に対して、瞬間的に無意識に反応し、行動する様子。

8 **それが選択されたプレーであるとしても**　選択という、本来意識的な行為によってなされた行動であっても、ということ。

17 **事後的に作り上げられた「解釈」や「言い訳」**　「動機」とは呼べないものであることを表している。

教158ページ

1 **虚心**　心に先入観や偏見を持たずに、素直であること。また、その様子。

4 **他者に向けて……どのような関係に立っているのだろうか**　「他者に向けて表明される動機」と「自分の行為を呼び起こしている本当の理由」が一致しているとは限らないという前提に基づいている。

6 **明示的**　はっきりと示されている様子。

7 **像を結んで**　形となって。ここでは、動機が自覚されて、という意味。

8 **推察**　人の心の中や物事の事情などを、想像して考えること。

11 **根ざした**　それに基づいた。

13 **相互理解の焦点**　相互理解に至るための重要なポイント。

15 **レパートリー**　ここでは、動機の説明をするときに使える言葉や表現の種類・範囲。

教159ページ

3 **資産家**（しさんか）　財産を多く所有する人。

3 **安泰**（あんたい）　無事でやすらかなこと。また、その様子。

4 **結婚観**（けっこんかん）　結婚の形として、一般にあるべきものとして受け入れられている考え方。

9 **水準**（すいじゅん）　物事の価値や能力などを定めるときの標準となる程度。

11 **すべ**　目的を遂げるための手段・方法。

12 **理**（り）**にかなったもの**　理屈・道理にあったもの。理解が可能なもの。

14 **付与**（ふよ）　授け与えること。

17 **動員**（どういん）　ある目的のために、たくさんの人や物を集めること。

活動の手引き

一　「　」に適切な表現を入れよう。

解答例　【第二段落】●行為の理由はあらかじめ心の中に存在し、行為の前に、または事後に振り返られる形で言語化され、伝えられていく。

【第三段落】●〈反論1〉朝起きて歯を磨くとき（友達に会って「おはよう」と挨拶するとき）・スポーツなどの場面で反射的にある種の行動がなされるとき・いつもは教室の前から二番目の席で受講しているのに、今日は三番目の列に座ってみたというとき

●〈反論2〉友達に向かってとっさにひどいことを言ってしまったとき

●〈反論3〉就職試験に向けて、採用担当者に理解され、評価されるような「志望動機」を考えるとき

●〈筆者の主張1〉動機はすべての行為について明示的に問われるわけではない。／動機として理解されるものは、必ずしも行為に先立って、行為者の内面にはっきりと像を結んでいるわけでもない。／後から推察してその理由を探し出さなければならない場合もあり、その場合の推論は自分自身で行う場合もあれば、他人によってなされることもある。

●〈筆者の主張2〉動機は人に伝えることができるものであり、人から理解され得るものとして提示されなければならない。

二　第五段落で述べられている「動機の語彙」について、具体例は除く形で、要旨を百字以内でまとめよう。

考え方　「具体例は除く形で」とあるので、「動機の語彙」について述べた、「つまり私たちは、……身につけている」（一五九・10）、「したがって、『動機の語彙』の習得は、……一面を持っている」（一五九・14）、「ある行為の動機が……判断されている」（一五九・17）などに着目してまとめる。

解答例　私たちは、特定の状況や行為に結びついた表現のレパートリーとして「動機の語彙」を学習しており、その習得においては、自分の行為と理由についての他者の反応の一般化された予測として、先取り的に判断されている。

話して伝える

言語活動　話し方の工夫

教科書P.162～165

語句の解説

教162ページ
下４双方向（そうほうこう）　話し手と聞き手の両方からの働きかけによること。

教163ページ
下13くだけた　堅苦しさがなく、親しみやすい様子。
下14かしこまった　恐れ入って、謹んだ態度を取る様子。
下15よそよそしい　知らない人に対するように親しみのない様子。

教164ページ
上１婉曲的（えんきょくてき）　表現が遠回しで、穏やかな様子。
下９角（かど）が立（た）たない　「角が立つ」とは、理屈っぽい言い方や失礼な態度などによって、人間関係が穏やかでなくなるという意味。「角が立たない」は、そうならないよう配慮された様子を表す。
下10自尊心（じそんしん）　自分の人格を尊重し、尊厳を守ろうとする気持ち。
下16露骨（ろこつ）　気持ちや意図などを、隠さないではっきり表す様子。
下16冗長（じょうちょう）　話や文章が無駄に長い様子。

活動①　次の話し言葉の文を、二人一組になって声に出して読み、聞き合おう。その後、書き言葉に変えたうえで同じことを繰り返し、どのような違いを感じるか話し合おう。

(1)電車より飛行機のが速いけど、やっぱ電車のがいいよね。
(2)天気予報では雨だったのに、今日はめちゃくちゃ晴れてる。
(3)明日は雨なのかわかんないけど、どっちにしろ雨天決行なんじゃないかな。
(4)朝六時に起きなきゃ、朝ご飯を食べる時間もないし、学校にも遅刻しちゃう。
(5)学校に遅刻するのは、いろんな意味でよくないと思う。

考え方　(1)「～のが」「やっぱ」、(2)「めちゃくちゃ」、(3)「わかんないけど」「どっちにしろ」「なんじゃないかな」、(4)「起きなきゃ」「しちゃう」、(5)「いろんな」などの話し言葉特有の表現に注目する。

解答例　それぞれ書き言葉に変えると次のようになる。話し言葉はくだけた印象なのに対し、書き言葉は改まった印象になる。
(1)電車より飛行機のほうが速いけれど、やはり電車のほうがいい。
(2)天気予報では雨(の予報)だったが、今日はとても晴れている。
(3)明日は雨なのかどうかわからないけれど、どちらにせよ(しても)雨天決行なのではないだろうか。
(4)朝六時に起きなければ、朝食を食べる時間もないうえ、学校にも遅刻してしまう。

(5)学校に遅刻するのは、いろいろな意味でよくないと思う。

活動②　**次の目的で話をする場合、相手と場面に応じて、どのような話し方の工夫が必要か。必要な要素をクラスで出し合い、話の内容を想像しながら実際に演じてみよう。**

(1)部活動の公式試合の結果を報告する。
①校長先生に対して、電話で報告する場合。
②全校生徒に対して、全校集会で報告する場合。
(2)化学部の活動内容について説明する。
①小学生に対して、小学校の教室で話をする場合。
②学校を訪れた保護者に対して、化学室で話をする場合。
(3)野球部の練習試合を申し込む。
①相手校の顧問の先生に対して、電話で依頼する場合。
②相手校の主将に対して、直接会って依頼する場合。

考え方　目的に合う話し方と、相手・場面による違いを考慮する。
(1)「公式試合の結果」の「報告」が目的なので、勝敗結果を中心に伝える。①相手は「校長先生」なので敬語を使う。また、「電話」なので、報告したい内容を簡潔にまとめる。②相手は自分と同じ生徒なので、あまりにかしこまった話し方は避ける。ただし、「全校集会」という改まった場なので、丁寧な表現を心がける。
(2)「活動内容」の「説明」が目的なので、具体的に話す。①相手は「小学生」なので、小学生でも理解できる表現を使う。ただし、公的な内容なので、あまりくだけた表現にならないようにする。②相手は「保護者」で、自分より立場が上の人なので敬語を使い、丁寧な表現を心がける。
(3)「依頼」が目的なので、自分より立場が上の人なので、丁重な姿勢で話す。①相手は「相手校の顧問の先生」で、自分より立場が上の人なので敬語を使う。また、「電話」なので、内容を簡潔にまとめる。②相手は同じ高校生だが、「主将」ということもあり、くだけた話し方は避ける。ただし、「直接会って」話すので、そこまでかしこまった話し方でなくてもよい。

活動③　**次の目的で話をする場合、どのような話し方の工夫が必要だろうか。必要な要素をクラスで出し合い、話の内容を想像しながら実際に演じてみよう。また、その話し方で目的が達成されるかどうか、評価してみよう。**

(1)Aさんは、病気で欠席していた期間の英語のノートを、Bさんに貸してほしいと思っている。事情を理解してもらい、できるだけ快くノートを貸してもらいたい。
(2)Bさんは、相手や事情がどうであれ、自分のノートを人に貸すことに抵抗がある。なるべくAさんに嫌な思いをさせないように、Aさんからのお願いを断りたい。

考え方　(1)「貸してもらえないか」など婉曲的な表現をすることで、Bさんに快く協力してもらえるようにするとよい。
(2)「貸したくない」と直接的に言うと、Aさんに嫌な思いをさせかねないため、婉曲的な表現を心がけ、理由もあげて断るとよい。

解答例　話の内容としては、次のようなものが考えられる。
Aさん「私、病気で欠席していて、その間の英語の授業内容がわからないの。よかったらノートを貸してもらえないかな。」
Bさん「私は字も下手だし、うまくまとめている自信もないから、他の人にお願いしてもらえないかな。ごめんね。」

活動④ **次のオノマトペを使って短文を作り、どのような情景や状態を表しているか、説明してみよう。**

(1)ごろごろ　(2)ぺこぺこ　(3)ぺらぺら　(4)ぱらぱら

考え方 (1)大きなものが転がる様子、雷が鳴る音、猫がのどを鳴らす音、数多く存在する様子、何の仕事もせずにいる様子などを表す。(2)おなかがすいている様子、物がへこむ様子、頭を何度も下げる様子などを表す。(3)よくしゃべる様子、物が薄く弱い様子、紙をめくる様子などを表す。(4)雨が少し降る様子、小さな粒状のものが落ちる様子、本をめくる様子などを表す。

活動⑤ **次の状況を表すオノマトペを思いつくだけあげ、どのようなイメージを伝えるのに効果的か、説明してみよう。**

(1)笑いを表す表現　(2)痛みを表す表現

考え方 (1)「くすくす」は抑え気味で控えめなイメージ、「わっはっは」は楽しく豪快なイメージを伝えることなどがあげられる。
(2)「キリキリ」は鋭く刺されるようなイメージ、「ズキズキ」は重く響くようなイメージを伝えることなどがあげられる。

活動⑥ **次の比喩は、何のどのような様子を表すときに用いられる表現か、説明してみよう。**

(1)リンゴのような　(2)太陽のような　(3)雪のような
(4)ドラマのような　(5)鋼のような　(6)花が咲いたような

解答例 (1)頬が赤い様子。
(2)人柄が明るく温かい様子や、笑顔がまぶしい様子。
(3)肌が白い様子や、存在がはかなくすぐに消えてしまう様子。
(4)話や出来事が通常ではあり得ないような展開・結末になる様子。
(5)肉体や精神が強く丈夫である様子。
(6)笑顔が明るい様子や、場の雰囲気が明るくなる様子。

活動⑦ **学校訪問で来校した中学生に、学校の魅力を伝えたい。例示を用いた紹介内容を各自で考え、発表し合おう。**

考え方 学校行事の楽しさや部活動の活発さなどを伝える場合は、体育祭や合唱祭の様子、部活動の成績などを例にあげるとよい。

言語活動　待遇表現

教科書P.166～167

語句の解説

教166ページ

下4 **敬い**（うやま） 相手を尊んで、礼を尽くすこと。

下4 **へりくだり** 相手を敬い、自分を低いものとして振る舞うこと。

下7 **品位**（ひんい） 人に自然に備わっている品格や気高さ。

教167ページ

下8 **親疎**（しんそ） 親しいことと親しくないこと。

活動① **次のやりとりを、それぞれの立場に配慮して、敬語表現を意識した言葉遣いに直してみよう。**

(1)生徒：先生、この問題の解き方がわかんないんだけど。
　先生：じゃあ、あとで職員室に来なよ。
(2)客：これと同じ靴で大きいサイズはある？

店員：ちょっと待ってて、調べてくるから。

(3)保護者：山田先生を呼んでくれないかしら。

事務員：5分ほど待ってほしいと言ってます。

考え方　(1)「先生」に対しては、敬意を示し敬語表現を用いる。

(2)一般的に、「店員」は「客」が自分より上の関係に位置するように振る舞うことが多く、「客」にとっても「店員」は親しい関係ではないことが多いので、互いに敬語表現を用いるのが適切である。

(3)「事務員」は学校に所属するという公的な立場にあり、「保護者」も「事務員」と親しい関係ではないため、互いに敬語表現を用いる。

解答例　(1)生徒：先生、この問題の解き方がわからないのですが。

先生：では、あとで職員室に来なさい。

(2)客：これと同じ靴で大きいサイズのものはありますか。

店員：少々お待ちください。調べてまいります。

(3)保護者：山田先生をお呼びいただけますか。

事務員：5分ほどお待ちいただきたいと申しております。

活動②　**次の各場面における、指定された相手とのやりとりを、会話の内容を想像しながら二人で演じてみよう。**

(1)職員室に担任の先生が在室しているかを尋ねる。

①職員室から戻ってきた友達に。

②学校に電話をかけ、電話に出た事務の人に。

(2)不在の母宛てにかかってきた電話に対して、16時までには帰る予定であることを伝え、用件を尋ねる。

①家族に(父親、兄か姉、弟か妹の各ケース)。

②母と同じサークルの友人に。

③母の職場の上司に。

(3)土地勘のない集合場所までの同行を求める。

①中学校のときから同じ部活動の先輩に。

②入ってひと月もたたない部活動の先輩に。

(4)球技大会の日程の変更を伝える。

①ホームルームでクラスの全員に。

②クラスの友人の一人に。

考え方　(1)①「友達」に対しては敬語表現を用いる必要はないが、話題にしている「先生」に対しては敬語表現を用いる。②「事務の人」と、話題にしている「先生」のどちらに対しても敬語表現を用いる。

(2)①「家族」に対しては敬語表現を用いる必要はない。②相手は母の「友人」で、それほどかしこまる必要はなさそうだが、自分より上の関係に位置するので、敬語表現を用いる。③相手は母の「上司」で、母にとっても上の関係に位置するため、敬語表現を用いる。

(3)①相手は「先輩」で自分よりも上の関係に位置するが、数年来同じ部活動をしていて親しい関係と考えられるので、それほど敬語表現を意識しなくてもよい。②相手は「先輩」で自分より上の関係に位置し、まだ親しくもないと考えられるので、敬語表現を用いる。

(4)①「ホームルーム」という公的な場なので、敬語表現(丁寧語)を用いる。②「友人」に対しては敬語表現を用いる必要はない。

活動③　**学校における公的な場や立場にどのようなものがあるか、考えつくものをあげてみよう。**

解答例　公的な場…生徒総会・各種委員会・各種行事・講演会など。

公的な立場…生徒会役員・各種委員・部活動の部長や副部長など。

言語活動　論理的な表現

教科書P.168〜171

語句の解説

教168ページ

上7 **不可欠(ふかけつ)**　なくてはならないこと。欠かせないもの。

下6 **やみくも**　前後のみさかいもなく、考えなしに行う様子。

下14 **独(ひと)りよがり**　自分だけが正しいと考え、人の意見を聞かない様子。

活動①　次のA・Bの表現について、主張の部分には実線を、理由の部分には波線をそれぞれ引こう。

A　クジラは哺乳類である。なぜなら、クジラは卵を生まないし、肺呼吸をしているからだ。

B　クジラは人間に似た優しい目をしている。だから、クジラは哺乳類である。

考え方　「〜である」は主張、「〜からだ」は理由を述べるときに用いる文末表現。接続詞「なぜなら」は前の内容の理由を後で説明するとき、「だから」は前の内容を理由に後の内容が続くときに用いる。

解答　A　クジラは哺乳類である。なぜなら、クジラは卵を生まないし、肺呼吸をしているからだ。

B　クジラは人間に似た優しい目をしている。だから、クジラは哺乳類である。

活動②　①のA・Bの表現が想定している聞き手(読み手)は、いずれもどのような人だろうか。次から一つ選ぼう。

ア　クジラといっしょに泳ぐのが大好きな人

イ　クジラが魚類であると思い込んでいる人

ウ　クジラが哺乳類であると確信している人

解答　イ

活動③　①のA・Bのうち、主張と理由が適切につながっているとは言えないのはどちらだろうか。一つを選び、そのように考える理由を説明してみよう。

解答例　B

説明…「クジラは人間に似た優しい目をしている」という理由は主観的で、事実として主張を支えているとは言えないから。

活動④　右の理由(省略)は事実を述べたものだが、これだけでは主張(省略)とのつながりが明確とは言えない。この事実に理由としての説得性を持たせるためには、事実に対するどのような解釈を付け加えるべきだろうか、話し合ってみよう。

考え方　ツバメが低く飛ぶことと雨とのつながりを明確にするため、空気中の水分が増えると雨が降りやすいが、同時に羽が水分を含んで重くなった蚊などの虫が低く飛ぶようになり、その虫を捕食するツバメも低く飛ぶようになる、などの解釈を付け加えるとよい。

活動⑤　「明日の天気は、雨にちがいない。」という主張をするために、右にあげた理由(省略)とは別の観点から、事実と解釈に基づく理由付けを行いたい。どのような理由が考えられるか、クラスで話し合って、できるだけたくさんあげてみよう。

解答例 星が瞬いて見えることから、上空で風が強く吹いていて低気圧が近づいていると考えられるから。／山の上に傘雲がかかっていることから、上空に湿った空気が流れ込んでいると考えられるから。

活動⑥ **右の文章（省略）が想定している読み手はどのような人だろうか、考えてみよう。**

解答例 バスや電車を利用する人。特に優先座席の譲り合いについて迷ったり困ったりしたことがあるという人。

活動⑦ **右の文章（省略）の主張および理由に当たるのは、それぞれどの文になるか、ⓐ〜ⓓの記号で答えよう。なお、理由に該当する文が一つとは限らない。**

解答 主張…ⓓ　理由…ⓑ・ⓒ

活動⑧ **⑦のうち、主張と適切につながっているとは言えない理由がある。どの理由かを記号で選び、どうしてそのように考えるか説明してみよう。**

解答例 ⓒ　説明…優先座席の必要性を述べただけで、そこに座りたい場合は意思表示が必要だという主張の根拠になっていないから。

活動⑨ **「優先座席を譲る側から言うと、目の前に立つ人が席を優先されるべき人かどうかを目視で判断するのは、非常に困難である。」という指摘に合致する具体的な事例として考え得るものを、クラスで話し合って、できるだけたくさんあげてみよう。**

考え方 一般的に優先座席は、高齢者・障害者・妊婦・乳幼児連れの人などのためのものだが、例えば高齢者が全員座りたがっているかというと、そうとも限らない。また、外見からは障害や妊娠の有無が不明の場合や、座ると泣いてしまう乳幼児もいることも考えられる。

言語活動　情報の探索と選択

教科書P.172〜173

語句の解説

教172ページ

上3 **妥当性**（だとうせい）　無理がなく、ちょうどよいと認められる度合い。

上16 **吟味**（ぎんみ）　内容や品質、理論などについて詳しく調べ、選ぶこと。

下4 **玉石混交**（ぎょくせきこんこう）　優れたものとつまらないものが入り混じっていること。

下12 **真偽**（しんぎ）　本当かうそか、論理的に正しいか誤りかということ。

下12 **不明瞭**（ふめいりょう）　はっきりしない様子。

対 **明瞭**（めいりょう）

下13 **匿名**（とくめい）　自分の名前を隠すこと。また、別名にすること。

下16 **来歴**（らいれき）　物事がそれまでたどってきた経過。人物の経歴。

教173ページ

下7 **主観**（しゅかん）　自分だけの物事の見方、考え方、感じ方。

対 **客観**（きゃっかん）

下8 **典拠**（てんきょ）　言葉や文章のよりどころとなる文献などの確かな根拠。

下13**営利**（えいり）　利益を得るために活動すること。
下20**飛躍**（ひやく）　論理的な順序を踏まずに、飛び離れたところに移ること。

活動①　**「現代の高校生の読書傾向」に関する情報を探す場合、その方法にどのようなものがあるだろうか。できるだけたくさんあげ、それぞれの長所と短所を考えてみよう。**

考え方　インターネットで探す場合、最新の情報を手軽に入手できるが、発信者が匿名の場合が多く、情報の信頼性が低いことが考えられる。本や雑誌、文部科学省の白書などで探す場合、情報の信頼性は高いが、刊行・発表までに時間がかかり、情報が古いことがある。周囲の高校生にインタビューしたりアンケートをとったりする場合、一部の実態はわかるが、統計的な正しさに欠ける可能性がある。

活動②　**「現代の高校生の読書傾向」について、次の資料（省略）を根拠にして、後に示す主張（省略）をすることは妥当だろうか。もし妥当性が低いとすれば、ほかにどのような情報を探せばよいだろうか、話し合ってみよう。**

考え方　資料からは1ヶ月間に読む本の冊数が小学4年生から高校2年生にかけて減少していることは読み取れるが、主張の「読書に対する興味」や、「読書時間」については読み取れないため、読書にどのくらい興味があるか学年別にアンケートをとった結果や、年齢別の読書時間がわかる統計資料などの情報を探すことが考えられる。

言語活動　情報源の明示

教科書P.174～175

語句の解説

教174ページ

上5**考察**（こうさつ）　物事を明らかにするために、よく考えること。
上9**独創性**（どくそうせい）　独自の考えや思いつきで、物事を作り出す能力や性質。
上12**正当性**（せいとうせい）　正しくて道理にかなっていること。
上13**相違点**（そういてん）　同じでないところ。
上14**反証**（はんしょう）　反対の証拠。その意見が誤っていることを示す証拠。
下11**URL**　インターネット上の情報の所在を特定する表示方式。
下11**閲覧**（えつらん）　文書や書物などを見たり内容を調べたりすること。ここでは、インターネット上のウェブページの文章や画像を見ること。
下11**ダウンロード**　インターネットなどを通じて手元のパソコンなどにデータやファイルを取り込むこと。
下14**脚注**（きゃくちゅう）　本文の下の方や、本文の枠外につける注記。

活動　**左の二つの引用例（省略）は、上記「引用の目的」（省略）のA・Bいずれに相当するか、考えてみよう。**

考え方　上段の引用例は、土井隆義の文章を引用し、「土井の対比を参考にしながら、……考えていきたい」と述べており、「他人が書いた文章を検討し」て「自分の意見の補強材料（根拠）に利用する」ことにあたる。下段の引用例は、土井隆義の言う「予定調和」の人間関係に対して、「改めて検証してみたい」と述べており、土井の意見と「自分の意見との対比」をしようとしていると言える。

解答　上段の引用例…A　下段の引用例…B

言語活動　スピーチで自分を伝える

教科書P.176〜179

語句の解説

教177ページ

下4 把握（はあく）　しっかり理解すること。

下6 留意（りゅうい）　心にとめて気をつけること。

下8 推敲（すいこう）　詩歌や文章を作る際、何度も字句や表現を練り直すこと。

下11 重点的（じゅうてんてき）　大事なところに力を集中する様子。

教178ページ

上8 主眼（しゅがん）　物事の中心になる一番大事なところ。

下13 漠然（ばくぜん）　範囲や内容がぼんやりしている様子。

活動

「大切なものは『ありがとう』という言葉」を主題にしてスピーチをする場合、次の構成メモを使って話す順番を並べ替え、どのような違いがあるか考えてみよう。

〈構成メモ〉

・言葉の持つ力は大きいと思う①

・使う言葉の違いで、周りの人への気持ちが変わってきた②

・きっかけは小学生のころの祖母とのやりとり③

・大切にしているのは形のないもの④

考え方　「スピーチ原稿の例」（教179ページ）では、④→③→②→①という順になっている。最後の二つを入れ替えて、④→③→①→②という順にしても主題は伝わるが、「周りの人への気持ち」に焦点が移ってしまう。また、①→③→②→④という順にした場合、「大切にしているのは形のないもの」と最後で漠然としてしまい、主題が伝わりにくくなる。

活動の手引き

一　「私が大切にしているもの」というテーマでショートスピーチを行い、互いに批評し合おう。

考え方　何を「大切にしている」のか、その理由は何であるかということを明確にする。そのうえで、大切にするようになったきっかけや、自分にとってどのような存在であるのかということを具体的な体験をあげて説明すると、聞き手が興味や関心を持ちやすい。

言語活動　相手に伝わる案内をする

教科書P.180〜183

語句の解説

教180ページ

上2 口頭（こうとう）　口で言うこと。

上5 不特定多数（ふとくていたすう）　傾向や性質などが同一でないものの、多数の集まり。

下13 重きを置く（おもきをおく）　重視する。

教181ページ

上8**キャッチフレーズ**　人をひきつける短い文句。
上8**アピールポイント**　人々に訴えたい、そのものの魅力となる点。
上9**端的**（たんてき）　手っ取り早く要点だけを捉える様子。
上13**オーバーラップ**　二つ以上のものが重なり合うこと。
下12**的確**（てきかく）　核心をついていて、まちがいのない様子。

教182ページ
上4**配慮**（はいりょ）　細かなところまで心を配ること。

活動の手引き

一　案内役・来場者役・評価者に分かれ、地図を使った案内を行ってそれを評価しよう。ただし、その際の案内は次の条件を満たすものとし、来場者の条件は都度決めるものとする。

条件1　文化祭の出し物（模擬店・抽選会）を楽しみながら体育館まで足を運ぶことができる案内とする。

条件2　抽選会の当選は、パンフレット表紙の右上に記された番号によることを伝える。

条件3　体育館までの通路の途中にダンス会場があり、人気イベントのため人が集中して混雑していることを伝える。

考え方　条件1…現在地から「模擬店」と「抽選会場」を通って「体育館」まで行く道を、パンフレットの地図を見せながら説明する。「模擬店」と「抽選会場」のどちらへ先に行くかは、抽選会が行われる時間を伝え、そのときの時刻によって提案するとよい。
条件2…パンフレット表紙の番号をさし、これが抽選番号であることを伝えるとよい。
条件3…人気イベントの開催で混雑しているので体育館へは時間に余裕をもって向かってほしいと伝え、ダンスに興味があるなら見ていってほしいと紹介するとよい。

言語活動　理想の修学旅行をプレゼンする

教科書P.184〜187

語句の解説

教184ページ
上18**プレゼンテーションソフト**　プレゼンテーションに使う資料を作成・表示するためのソフトウェア。

教185ページ
上18**行程表**（こうていひょう）　ここでは、旅行の日程や行動予定などをまとめたもの。
下6**文献**（ぶんけん）　何かを知るためのよりどころとなる、文書や書物。

活動の手引き

一　グループに分かれて、文化祭の出し物や音楽祭での選曲など、学校行事にクラスとして参加する内容についてプレゼンテーションを行い、互いに評価し合おう。

考え方　他のグループや先生を相手に、文化祭の出し物や音楽祭での曲について提案し、採用されることが目的である。その案にこめた自分たちの思いを伝えるために、効果的な資料を準備し、構成を考えよう。資料としては、事前に「昨年の文化祭でよかった出し物は何か」「好きな曲は何か」などのアンケートをとったり、インターネットで他校の文化祭や音楽祭の様子を調べたりして、その結果を提示すると説得力が増すだろう。また、対立意見に備えて、出し物を実現する際の課題とその解決策を考えておいたり、選んだ曲のよさを分析し、実際に曲を流して説明したりすることなども考えられる。

言語活動　合意形成のための話し合いを行う

教科書P.188～192

語句の解説

教188ページ

上1 **すり合わせ**　複数の意見や案を調整してまとめていき。

上1 **合意**　意思や意見が一致すること。

上10 **尊重**　価値を認めて重んじること。

上14 **随時**　その時々。いつでも、という意味もある。

下6 **促進**　物事がはかどるように、うながすこと。

下6 **軌道**　物事が進行する道筋。

下10 **論拠**　論を支えるよりどころとなるもの。

下11 **考慮**　よく考えてみること。

教189ページ

(図) **範疇**　同じ性質のものが収まる範囲。

教190ページ

上4 **可視化**　物事を目で見てわかる形にすること。

対 **不可視化**

下1 **終結**　物事が終わりになること。

下4 **メリット**　利点。長所。

対 **デメリット**

活動の手引き

下13 **フィードバック**　ここでは、話し合いをしたグループに対し、観察していたグループが感想や改善点などの意見を返すこと。

一　「話し合いの例」(省略)の議論は、最終的にどのような形でまとまったか、考えてみよう。

考え方　「地域の高齢化と災害についての調査報告」、「ダンスパフォーマンス」、「フリーマーケット」という案には、「(2)ふかめる」で積極的な意見が出ている。さらに、「フリーマーケット」を開きたいという意見に対しては、他の人も納得していることがうかがえる。一方、「大学・専門学校紹介」、「お化け屋敷」、「スイーツ販売」という案には、文化祭でやらなくてもよい、クラスのよさが出ない、自分たちのクラスでやらなくてもよいといった意見が出ている。このような状況をふまえて、最終的にどの案に決まったか考えるとよい。

二　話し合いの手順をふまえて、他のテーマで話し合ってみよう。

考え方　話し合いの際には、司会者が手順やテーマを確認しておく。参加者は自分の意見とその論拠を、他の人の意見との関係を考慮して発言し、書記は出された意見のキーワードを書き出すようにする。

書いて伝える

言語活動 書き方の基礎レッスン

教科書P.194〜199

語句の解説

教198ページ

上3 **修辞**（しゅうじ） 言葉を巧みに用いて、美しく効果的に表現すること。

下10 **ニュアンス** ここでは、言葉の持つ微妙な意味合いのこと。

教199ページ

下19 **余情**（よじょう） 後まで心に残る、しみじみとした味わい。

下19 **詠嘆**（えいたん） 深く感動すること。

活動① **次の各文を適切な表記に改めよう。**

(1)君の言う事にも一理ある。
(2)第3者からの意見を聞く。
(3)彼の言うことはおうむね正しい。
(4)わかりずらい点があればお尋ねください。
(5)懐しい人からの手紙が届いた。

考え方 (1)この「事」は「内容」を表しているので平仮名で書く。(2)「第三者」は熟語で、算用数字は使わない。(3)「おうむね」は「おおむね」と書く。(4)「わかりずらい」は動詞「わかる」に接尾語「つらい」がついて形容詞化したもの。(5)「懐」の送り仮名は「かしい」。

解答

(1)君の言うことにも一理ある。
(2)第三者からの意見を聞く。
(3)彼の言うことはおおむね正しい。
(4)わかりづらい点があればお尋ねください。
(5)懐かしい人からの手紙が届いた。

活動② **次の各文が適切な表現になるように修正しよう。**

(1)私の日課は、毎朝ペットと散歩をします。
(2)彼女は、斬新な○○カフェのパンケーキが好きだ。
（「斬新」なのが「パンケーキ」である場合）
(3)もし時間があるとき電話してください。
(4)彼は体調が悪くても決して学校に行く。
(5)強風で公園の木が倒しています。

考え方 (1)主述の関係を整える。(2)「斬新な」が「○○カフェ」を修飾しないよう語順を変える。(3)「もし」は「～なら(たら)」と対応する。(4)「決して」は「～ない」と対応する。(5)「倒し」は他動詞。

解答例 (1)私の日課は、毎朝ペットと散歩をすることです。
(2)彼女は、○○カフェの斬新なパンケーキが好きだ。

(3)もし時間があるなら電話してください。
(4)彼は体調が悪くても決して学校を休まない。
(彼は体調が悪くても必ず学校に行く。)
(5)強風で公園の木が倒れています。

活動③　**次の各文が適切な表現になるように修正しよう。**

(1)忙しくて、見たいテレビ番組が見れない。
(2)文化祭は午前九時には始まってます。
(3)彼女はバイトが忙しくて部活を休んでいる。

考え方　(1)「見れない」は、ら抜き言葉。(2)「始まってます」は、い抜き言葉。(3)「バイト」は「アルバイト」、「部活」は「部活動」の略語。

解答例　(1)忙しくて、見たいテレビ番組が見られない。
(2)文化祭は午前九時には始まっています。
(3)彼女はアルバイトが忙しくて部活動を休んでいる。

活動④　**次の文章(省略)を常体に改めよう。**

考え方　「常体」は、文末が「だ・である」の形になっている文体。

解答例　すいかを食べると思い出すことがある。九歳の夏のことだ。母の出産の間、私は夏休みを叔母の家に預けられて過ごした。両親と離れるのは初めてのことだった。叔母の住む羽村町というのが東京都に属し、都心から日帰りで遊びに行ける場所だ、と知ったのは大人になってからのことで、叔母の家は、当時の私にとって、はるか遠い田舎だった。

活動⑤　**次の各文の空欄に、接続表現を補おう。**

(1)腕時計をポケットに入れたまま洗濯した。［　］壊れた。
(2)明日は台風が来るかもしれません。［　］文化祭は決行します。
(3)今日はテレビを見ない。［　］いつもより宿題が多いからだ。
(4)豆腐は栄養があり、［　］安価でもあるので、毎日食べている。

【並列】

(5)コピー機のインクがなくなったら、まず古いインクの容器を機械から取り出し、［　］新しいインクを機械にはめ込む。

【添加】

(6)この土地名産の和菓子は値段が安い。［　］味もとてもよい。
(7)彼はテニスもサッカーも水泳もする。［　］スポーツマンなのだ。【要約】
(8)この市場では多くの種類の魚が売られている。［　］アジ、サバ、イカ、マグロなどだ。
(9)私たちの社会では、このような点が課題となっている。［　］、海外ではどうか。【対比】
(10)以上、A高校の概要を紹介した。［　］本題のA高校の生徒の生活実態について述べる。【転換】

解答例　(1)だから(すると)　(2)しかし(それでも)　(3)なぜなら
(4)また(そして・それから)　(5)次に(そして・それから)
(6)しかも(そのうえ・さらに・そして・それから)　(7)つまり
(8)たとえば　(9)一方　(10)では(それでは)

活動⑥　**次の各文の傍線部を、例(省略)にならって漢語に言い換えよう。**

(1)パーティーの準備にかかるお金を計算する。

(2)宿題を急いで提出しなさい。
(3)欲しいと思っていた雑誌を、先ほど本屋でゲットした。

解答例　(1)パーティーの準備に必要な費用を計算する。
(2)宿題を至急提出しなさい。
(3)欲しいと思っていた雑誌を、先ほど本屋で入手した。

活動⑦　**次の各文の空欄のうち、(1)~(3)には「踊り」「舞踊」「ダンス」、(4)~(6)には「宿」「旅館」「ホテル」を当てはめてその適否を考え、三種類の語によって受ける印象がどのように変わるか、意見を述べ合ってみよう。**

(1)日本の伝統［　］を保存する動きがある。
(2)彼は［　］を得意とするストリートパフォーマーだ。
(3)夏休み、町内会で行われた［　］に参加した。
(4)都心の高級［　］でディナーを食べる。
(5)田舎の温泉付き［　］で懐石料理を堪能する。
(6)この村には江戸期から多くの［　］があった。

考え方　(1)~(3)「踊り」は和語、「舞踊」は漢語、「ダンス」は外来語。(4)~(6)「宿」は和語、「旅館」は漢語、「ホテル」は外来語。和語は古くからあり柔らかい印象、漢語は硬く改まった印象、外来語は新しく洗練された印象を与える。それぞれ文の中の他の語とのかねあいも考慮する。

活動⑧　**次の各文で用いられている表現上の工夫を、後のア~キから記号で選ぼう。**

(1)ピーヒャラピーヒャラと陽気な笛の音が鳴る。
(2)私たちはうきうきした気分で出発した。
(3)人生とは、長い旅路である。
(4)静かな驚きの声が、さざ波のように広がった。
(5)風が木々の梢（こずえ）に優しく語りかけている。
(6)私は行く、どんな困難があっても。
(7)船出の時刻は、午前八時。

ア　直喩　**イ**　隠喩　**ウ**　擬人法　**エ**　倒置法
オ　体言止め　**カ**　擬態語　**キ**　擬声語

考え方　(1)「ピーヒャラ」は「笛の音」に似せて表した言葉。(2)「うきうき」は状態の感じを表した言葉。(3)「~のように」などを用いずに「人生」を「長い旅路」にたとえている。(4)「~のように」という表現に注目。(5)「風」の様子を「語りかけている」という人間の動作になぞらえている。(6)「どんな困難があっても、私は行く」の語順を入れ替えている。(7)「午前八時」は体言。

解答　(1)キ　(2)カ　(3)イ　(4)ア　(5)ウ　(6)エ　(7)オ

言語活動　身近な製品の取扱説明書を作成する

教科書P.200~203

語句の解説

教200ページ

下5 **概要**（がいよう）　だいたいの内容。
下5 **詳細**（しょうさい）　詳しくて細かい内容。

下7見出し（みだし）　文章の前につけ、内容が一目でわかるように示す言葉。

教201ページ

下8**階層的関係**（かいそうてきかんけい）　全体をいくつかの階層に分けたそれぞれの関係。

活動①　**身の回りにある製品の取扱説明書には、どのようなことが書かれているか調べてみよう。**

解答例　水筒(各部の名称・部品の取り外し方・使い方・手入れのしかた・安全上の注意事項など)

活動②　**シャープペンシルを使用するために必要な操作を、次の写真(省略)をもとに言語化してみよう。**

解答例　シャープペンシルのノックボタンと消しゴムを取り外し、内部に芯を入れる。消しゴムとノックボタンを元に戻し、親指でノックボタンの上部をカチッと音がするまで押して、ペンの先から芯を出す。

活動の手引き

一　身近な製品のうち、ホチキスの取扱説明書を作成して、互いに批評し合おう。

考え方　冒頭にホチキスの各部分と名称を示したイラストを入れると構造が明確になる。使用方法として、針の入れ方や、紙類のとじ方などを、該当部分のイラストや写真を載せて説明し、使用上の注意事項として、針で手などを傷つけないよう呼びかけるとよい。

言語活動　実用的な手紙文の書き方

教科書P.204〜207

語句の解説

教204ページ

上5**インターンシップ**　学生が企業などで就業体験をすること。

上15**内諾**（ないだく）　内々に承諾する(要求や頼みを聞き入れる)こと。

下7**特性**（とくせい）　特有の性質。

教205ページ

上11**親睦**（しんぼく）　お互いに親しんで、仲良くすること。

下2**回答**（かいとう）　要求や問い合わせに対して返答すること。

下9**頭語**（とうご）　手紙の書き出しの言葉。

対　**結語**（けつご）

下9**時候**（じこう）　春夏秋冬や、暑さ寒さなど、その時々の気候。

下16**略式**（りゃくしき）　正式の手続きや形式の一部を省いて、簡単にした方式。

活動の手引き

一　インターンシップ終了後に、お世話になった企業の担当者に対して、担当の先生の立場から、実習評価表(生徒の実習時の取り組みを評価するシート)の提出を依頼する文書を書いてみよう。なお、提出方法は、依頼文に同封した提出用封筒に評価表を入れて厳封し、学校の事務室宛てに郵送してもらうこととする。

考え方　主文・末文は「当日の生徒の様子や取り組みを知り、今後の生徒指導に役立てたいと存じますので、実習評価表のご記入と、ご提出をご依頼申し上げたく、お手紙を送らせていただきました。

ご提出の際には、同封の提出用封筒に評価表を入れ、厳封のうえ、本校事務室宛てにご返送していただけましたら幸いです。ご協力を賜りますよう、何とぞよろしくお願い申し上げます。」などとする。

二　学校行事の中から一つを選び、外部の人を招待するための案内文を書いてみよう。その際、招待する相手の特性や、招待する目的を検討し、相手と目的に配慮した案内文になるように留意しよう。

考え方　「招待する相手への配慮」については、相手が高齢者であれば椅子席や冷暖房の有無などを、乳幼児連れの人であればおむつを交換できる場所の有無などを案内するといった配慮があるとよい。

言語活動　地域の魅力を紹介する

教科書P.208〜211

語句の解説

教209ページ

上8 **SNS**　ソーシャル・ネットワーキング・サービスの略。インターネット上で、人と人の交流を促進・サポートするサービスで、写真や動画、文章などの投稿や閲覧、コメントなどができる。

教210ページ

上5 **霊山**（れいざん）　神聖な山。社寺の霊域である山。

下8 **喚起する**（かんき）　呼び起こす。

下9 **5W1H**　When・Where・Who・What・Why・Howの頭文字をとったもので、情報を整理するために必要な要素のこと。

下16 **小見出し**（こみだし）　文章をいくつかに区分し、区分ごとにつける見出し。

活動の手引き

一　自分が住む地域の魅力を、他の土地から来る人に紹介する文章を書いてみよう。

考え方　魅力には、自然や建造物、祭事などのほか、特産品やグルメ情報なども含まれよう。情報は観光協会が発行する冊子や、ホームページなどで入手可能である。相手の年齢層などを考慮して興味や関心を引く内容を選択し、構成や表現を工夫して書こう。

言語活動　自校の生徒の生活実態を調査する

教科書P.212〜215

語句の解説

教212ページ

下4 **オープンキャンパス**　入学希望者に、大学構内を公開する行事。

下6 **有益**（ゆうえき）　役に立つ様子。

対 **無益**（むえき）

教214ページ

下4 **必然性**（ひつぜんせい）　ここでは、行った調査が、提起した問題を明らかにするために必要なものであるということ。

下14**見解**(けんかい)　物事に対する考え方や評価・意見。

活動の手引き

一　**グループに分かれて、自分たちの生活実態の中からテーマを決め、報告文にまとめて発表し合おう。**

考え方　例えば、睡眠時間や勉強時間、テレビや動画サイトの視聴時間などについてアンケート調査を行い、生活時間の内訳を明らかにして、有意義な時間の使い方をまとめるなどが考えられる。

言語活動　社会に対する意見文を書く

教科書P.216～220

語句の解説

教216ページ

下15**社会的弱者**(しゃかいてきじゃくしゃ)　社会の中で、不利な状況や立場に置かれている集団や個人。高齢者・障害者・児童・女性・難民・少数民族など。

教217ページ

上4**違和感**(いわかん)　しっくりこないという感覚。

教218ページ

下8**抽象的**(ちゅうしょうてき)　具体性を欠き、実態がはっきりしない様子。

対　**具体的**(ぐたいてき)

下12**ブレーンストーミング**　新しいアイディアを生み出すために、限られた時間内に自由に意見を出し合う、立案企画の手法。

教219ページ

上6**醸成**(じょうせい)　ある状態や気分を徐々に作り出すこと。

活動の手引き

一　**次ページの「意見文の例」(省略)を読み、「評価の観点」(省略)に基づいて文章を評価してみよう。また、この意見に対して賛成か反対か、各自の考えを述べ合ってみよう。**

考え方　「意見文の例」は、バスで遭遇した出来事やニュース番組で視聴したことといった自分の経験を題材にしている。そして、足の不自由な女性が「誰もが不愉快な思いをする」ような振る舞いをした際に、周囲の人間が「黙ってしまう」ことは、「女性の行為を正当化」し、「結果的にその女性を社会から孤立させてしまう」とし、障害がある人にも「対等な目線で接すること」が「平等な社会を築くうえで大切」であると意見を述べている。また、この文章は自分の意見を最後に示す「尾括型」で構成されている。これらの点をふまえて判断するとよい。

二　**「よりよい社会のために」というテーマで、自分の経験の中から適切な題材を選び、次の条件(省略)で意見文を書いてみよう。**

考え方　社会全体について述べるのではなく、自分の経験をもとに、身近な物事について述べるとよいだろう。条件2の「タイトル」については、「意見文の例」では「『障害がある人には優しくする』は正しいか」という疑問形式をとっている。このように疑問を投げかけることで、読み手の注意を喚起することもできる。